JN016526

DATA SCIENCE

データサイエンス大系

データ可視化プログラミング

共著／佐藤智和・田中琢真

学術図書出版社

本シリーズの刊行にあたって

　大量かつ多様なデータが溢れるビッグデータの時代となり，データを処理し分析するためのデータサイエンスの重要性が注目されている．文部科学省も 2016 年に「数理及びデータサイエンス教育の強化に関する懇談会」を設置し，私自身もメンバーとして懇談会に加わって大学における数理及びデータサイエンス教育について議論した．懇談会の議論の結果は 2016 年 12 月の報告書「大学の数理・データサイエンス教育強化方策について」にまとめられたが，その報告書ではデータサイエンスの重要性について以下のように述べている．

　　今後，世界ではますますデータを利活用した新産業創出や企業の経営力・競争力強化がなされることが予想され，データの有する価値を見極めて効果的に活用することが企業の可能性を広げる一方で，重要なデータを見逃した結果として企業存続に関わる問題となる可能性もある．

　　例えば，データから新たな顧客ニーズを読み取って商品を開発することや，データを踏まえて効率的な資源配分や経営判断をするなど，データと現実のビジネスをつなげられる人材をマスとして育成し，社会に輩出することが，我が国の国際競争力の強化・活性化という観点からも重要である．

そして大学教育において，以下のような数理・データサイエンス教育方針をあげている．

- 文系理系を問わず，全学的な数理・データサイエンス教育を実施
- 医療，金融，法律などの様々な学問分野へ応用展開し，社会的課題解決や新たな価値創出を実現
- 実践的な教育内容・方法の採用
- 企業から提供された実データなどのケース教材の活用

- グループワークを取り入れた PBL や実務家による講義などの実践的な教育方法の採用
- 標準カリキュラム・教材の作成を実施し，全国の大学へ展開・普及

　ここであげられたような方針を実現するためには，文系理系を問わずすべての大学生がデータサイエンスのリテラシーを向上し，データサイエンスの手法をさまざまな分野で活用できるために役立つ教科書が求められている．このたび学術図書出版社より刊行される運びとなった「データサイエンス大系」シリーズは，まさにそのような需要にこたえるための教科書シリーズとして企画されたものである．

　本シリーズが全国の大学生に読まれることを期待する．

監修　竹村 彰通

まえがき

　スマートデバイスとインターネットの普及に伴い，さまざまな情報が日々デジタル化され収集・蓄積されている．このようなデータは，さまざまなセンサによって自動収集されているもの，ユーザによってネットワーク上にアップロードされるものなど多様であるが，いずれにしても膨大な量のデータが蓄積され続けており，これはビッグデータとよばれている．ビッグデータは，そのデータ量ゆえに，閲覧するだけでも膨大な時間がかかるとともに，基本的には数値の塊であるため，専門家にとっても一般人にとってもそのままデータを見ることに意味はないといえる．すなわち，何もしなければビッグデータはダイヤの原石でしかない．

　ビッグデータに価値を与えるスキルを持つ人々はデータサイエンティストとよばれているが，日本ではデータサイエンティストの育成が遅れており，その育成が急務であるとされている．データサイエンティストに求められる具体的なスキルは，データからノイズを取り除いて意味のある情報を抽出する (データを加工する) データエンジニアリング，それらの情報を分析するデータアナリシス，各分野において分析結果の活用方法を創造する価値創造，の 3 つである (図 1).

　本書は，データサイエンティストに求められるスキルのなかでも，データの分析と活用において特に重要となるデータの可視化方法について基礎から応用までを概観するものである．データ分析において，専門家はまずデータの全体像を把握し，分析方法を検討する必要がある．しかし数値情報の塊であるデータは，そのデータ量がごく小さかったとしてもそのままでは一覧性に乏しく，全体像を把握することは難しい．このため，何らかの方法でデータを可視化することで全体像を確認し，分析方法を検討することが必要となる．また，一般的には分析結果も数値データであるので，そのままでは専門家以外には理解でき

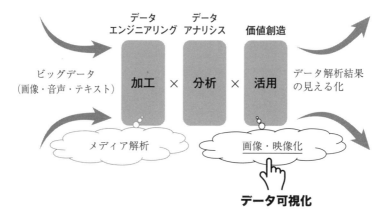

図1　データサイエンスと可視化

ないことが多い．より広い応用にデータを活用するためには，データを視覚的に提示するデータの可視化が重要となる．

　一方で，インターネット上で気温・湿度や株価のグラフを見たことがあるだろうか．現代においては，グラフなどによって可視化されたデータの多くはインターネットを通じて公開されており，紙などでの配布では実現できないリアルタイムでの更新がなされている．本書では，このようなリアルタイムでの情報の可視化を実現するスキルについても身に着けることを目的として，インターネットを通じた通信・データ配布方法の基本的な概念や，インターネットを通じたデータの収集方法についても学ぶ．

　なお本書は，データ可視化に関連する基礎知識を学び，可視化方法の「仕組み」を理解することを目標に構成されている．データサイエンティストに求められるのは「仕組み」を理解し，さまざまな課題に対応するための基礎力を身に着けておくことである．インターネット上に公開されているさまざまなツールを使えば定型的かつ見栄えのよい可視化は簡単にできるが，それらについては基礎を身に着けた上で，必要に応じて活用してほしい．

　最後に，本書を読むために必要な知識・技能についてまとめておく．本書では，Python と JavaScript を利用した可視化を学ぶ．JavaScript の文法は簡単に解説するが，Python については初級レベルの技能 (おおむね，大学で 1 セ

メスターの講義・演習を履修した程度) を読者がすでに修得していることを前提としている．コンピュータの仕組みや用語 (ファイル，ソフトウェア，フォント，メモリ，ストレージなど) について理解していることも必要である．これも大学の 1 セメスターの情報リテラシーの講義を履修していればよい．サンプルコードを動かすためには，Python のコードを実行できる環境が整っており，ウェブブラウザでネットに接続できる PC を使える必要がある．Anaconda (https://www.anaconda.com/) をインストールし，Jupyter Notebook を使えるようにしておいていただきたい．

　本書で参照するデータファイルはサポートサイト

　https://www.gakujutsu.co.jp/text/isbn978-4-7806-0708-6/

に用意されている．誤植の訂正などもサポートサイトに随時記載していくので参照されたい．

　本書の執筆過程で助言をいただいた滋賀大学の岩佐和輝氏，北川拓弥氏，森本澪二氏，全方位画像の撮影時に協力いただいた滋賀大学の中河嘉明氏，2020 年度のビジュアルプログラミング・演習の受講者諸君，学術図書出版社の貝沼稔夫氏に感謝します．

2021 年 1 月

佐藤 智和・田中 琢真

目　　次

第 *1* 章

データ可視化の第一歩：グラフの描画

　私たちは日々書籍，テレビ，ウェブサイトなどさまざまなメディアでデータを目にする．これらのメディアでは，データは多くの場合，グラフで表されている．たとえば，気温の予報，公的な統計データ，企業の業績予想などのグラフを見たことがないだろうか．メディアでグラフがよく出てくるのは，多くの情報を持つ複雑なデータをグラフで表すことによって，データの全体像や特徴をわかりやすく示せる (可視化できる) からである．データの可視化はデータサイエンティストに要求される主要な能力の 1 つである．本章では，データの可視化の第一歩として，データをグラフによって可視化することを目標とし，Python と Matplotlib を使ってデータをグラフ化する方法を学ぶ．

1.1　可視化の必要性

　表 1.1 と表 1.2 は滋賀県彦根市と沖縄県那覇市の 2019 年の月ごとの平均気温である．この表から 2 つの市の気温の傾向について何が読み取れるだろうか？

　同じ月の気温を見比べれば，那覇市の方が彦根市より温暖なことがわかる．しかし，年間を通した月平均気温の変動が大きいのはどちらの市かを読み取るのには手間がかかる．もしこれに加えて 2 つの市の月ごとの最低気温と最高気温の表があって，月内の気温変動が大きいのがどちらの市であるかを読み取らねばならないならば，さらに手間がかかる．

　平均気温のように，データは数値で表されることが多い．しかし数値を表にまとめても，データから意味を読み取るのは難しい．データの意味を読み取りやすくするためには，データをグラフに表すのが有効である．表 1.1 と表 1.2 を折れ線グラフで表したのが図 1.1 である．この図からは，一年を通した月平均

表 1.1　彦根市の平均気温/℃

1 月	2 月	3 月	4 月	5 月	6 月	7 月	8 月	9 月	10 月	11 月	12 月
4.5	5.8	8.2	11.9	18.5	22.1	25.3	28.4	25.4	19.4	12.5	7.7

表 1.2　那覇市の平均気温/℃

1 月	2 月	3 月	4 月	5 月	6 月	7 月	8 月	9 月	10 月	11 月	12 月
18.1	20.0	19.9	22.3	24.2	26.5	28.9	29.2	28.0	26.0	23.1	20.0

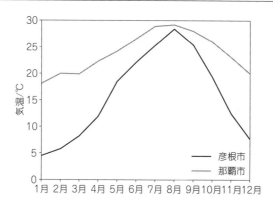

図 1.1　2019 年の彦根市と那覇市の月平均気温

気温の変動が大きいのは彦根市であることが即座にわかる．

　この例のように，データを図として表すことを可視化という．可視化はデータの素早い理解と利用を助ける．そのため，データの取得や分析をしたら，その結果を可視化する必要がある．通常，可視化のためには Excel やその他の可視化ツールを使うが，大規模で複雑なデータを可視化したり，データから大量の図を作ったりするためには，プログラムで自動化できることが望ましい．そこで以下では，Python でデータをグラフとして可視化する方法を学ぶ．

1.2　Matplotlib によるグラフの描画

1.2.1　Matplotlib とは

　Matplotlib は Python でグラフを描画する代表的なライブラリであり，誰でも無料で使える．折れ線グラフ・ヒストグラム・3D グラフなどさまざまなグラ

フを作成できる．グラフは画面上に表示するほかに，さまざまなフォーマット
の画像ファイルに書き出すこともできる．

　インストールは Anaconda Prompt 上で

```
1 pip install matplotlib
```

で行う[1]．利用するときは，コードの冒頭で

```
1 import matplotlib.pyplot as plt
```

のように読み込む．これに加えて，Jupyter Notebook では，グラフをノート
ブック中に表示するために，次のマジックコマンドを冒頭に書いておく必要が
ある．

```
1 %matplotlib inline
```

このマジックコマンドが実行されていないとグラフがノートブックに表示され
ない場合があるので注意する[2]．

1.2.2　Matplotlib による折れ線グラフの描画

　Matplotlib では折れ線グラフの描画は次のように行う (図 1.2)．

```
 1 import numpy as np
 2 import matplotlib.pyplot as plt
 3
 4 #グラフを作成するためのデータを入力する
 5 hikone = [
 6     4.5, 5.8, 8.2, 11.9, 18.5, 22.1,
 7     25.3, 28.4, 25.4, 19.4, 12.5, 7.7]
 8
 9 #描画の準備
10 plt.plot(hikone)
11 #グラフの描画結果を表示する
12 plt.show()
```

---

[1] これ以外のインストール方法もあるが本書では標準的な方法として pip によるインストール
を想定している．

[2] Jupyter Notebook を使わない場合にはマジックコマンドは文法エラーとなるので書いては
ならない．

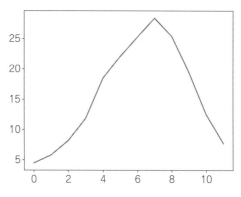

図 1.2　Matplotlib による折れ線グラフ

グラフに与える数値は NumPy の ndarray にしておくと便利なことが多いの
で，最初に NumPy をインポートしている．続いて matplotlib.pyplot をイ
ンポートする．NumPy は np，Matplotlib の pyplot は plt として参照するの
が慣習になっている．

　plt.plot が折れ線グラフを描画する関数である．引数として配列を 1 つだ
け与えると，グラフの縦軸の値として解釈される．横軸は 0 から配列の長さ −1
までの整数になる．plt.plot は画面への表示は行わない．plt.show が描画結
果を画面に表示する関数である[3]．

　図 1.2 のグラフでは，1 月の気温に対応する横軸の値が 0 で，12 月の気温に対
応する横軸の値が 11 になっている．月に一致させるためには，横軸の値を指定
する必要がある．plt.plot は引数を 2 つ与えると，第 1 引数が横軸の値，第 2
引数が縦軸の値を指定することになる (図 1.3)．

```
1  import matplotlib.pyplot as plt
2
3  #グラフを作成するためのデータを入力する
4  hikone = [
5      4.5, 5.8, 8.2, 11.9, 18.5, 22.1,
6      25.3, 28.4, 25.4, 19.4, 12.5, 7.7]
7  month = np.arange(1, 13)
8
```

---

[3] Jupyter Notebook 上では plt.show() を実行しなくても表示される．

```
 9  #描画の準備
10  plt.plot(month, hikone)
11
12  #グラフの描画結果を表示する
13  plt.show()
```

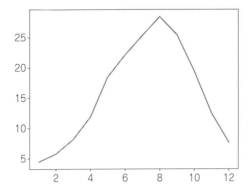

図 1.3　横軸を修正した Matplotlib による折れ線グラフ

確かに横軸の値は 1 月が 1，12 月が 12 になったが，図 1.3 では図 1.1 と比べると横軸の範囲の見栄えが悪い．横軸の範囲がちょうど 1 から 12 までになるようにするためには，

```
 1  plt.xlim(1, 12)
```

のようにすればよい．同様に，縦軸の範囲を設定したいときは `plt.ylim` を使う．また，図 1.1 のように横軸の目盛りに数字だけでない文字を入れたいときには `plt.xticks` を使って

```
 1  plt.xticks(month, [
 2      'Jan', 'Feb', 'Mar', 'Apr', 'May', 'Jun',
 3      'Jul', 'Aug', 'Sep', 'Oct', 'Nov', 'Dec'])
```

のようにする[4]．縦と横軸のラベルは

```
 1  plt.xlabel('Month')
 2  plt.ylabel('Temperature')
```

---

[4] 日本語も指定できるが，文字化けを防ぐためにはフォントを指定する必要がある場合もある．

で設定できる．グラフのタイトルは

```
1 plt.title('Average temperature')
```

で設定する．フォントサイズはタイトル・縦軸ラベル・横軸ラベルなどについて個別に設定できるが，一度に全部を設定するには

```
1 plt.rcParams['font.size'] = 16
```

のようにする．

問 1.1 上のコードの横軸・縦軸の範囲を変えて実行してみよ．

1.2.3 折れ線の装飾と RGB

複数回 plt.plot を呼び出せば折れ線グラフの重ね描きができる．たとえば，

```
1 naha = [
2     18.1, 20.0, 19.9, 22.3, 24.2, 26.5,
3     28.9, 29.2, 28.0, 26.0, 23.1, 20.0]
4 plt.plot(month, hikone)
5 plt.plot(month, naha)
```

を実行すると，画面上では 2 本の折れ線グラフが色分けされて表示される．デフォルトの色では区別がつきにくい場合には，自分で色や線種を指定する．たとえば，

```
1 plt.plot(month, hikone, color='black',
2         linestyle='solid', linewidth=1, label='Hikone',
3         marker='circle')
4 plt.plot(month, naha, color='red', linestyle='dashed',
5         linewidth=2, label='Naha',
6         marker='triangle_up')
7 plt.legend(bbox_to_anchor=(1, 0), loc='lower right',
8             borderaxespad=0)
```

を実行すれば，線幅 1 の黒い実線と線幅 2 の赤い破線が描かれ，丸印と下向きの三角印がつき，それぞれ "Hikone"，"Naha" とラベルがつく．plt.legend

は凡例を表示する．凡例はグラフの中のさまざまな位置に表示できるが，この場合はグラフの右下隅に表示される．

　色は black や red のような色名で指定することもできるが，もっと細かい色を指定したいこともある．そのようなときには **RGB 方式**で色を表せばよい．RGB は光の三原色，赤・緑・青の混合で色を表現する方式である．コンピュータのディスプレイは赤・緑・青の 3 種類の波長の光の組み合わせでさまざまな色を表す．RGB 方式では，赤・緑・青の輝度をそれぞれ 0 から 255 の間の整数で表すことが多い[5]．この場合，赤が 255，緑が 0，青が 0 なら純粋な赤であり，赤が 0，緑が 0，青が 255 なら純粋な青である．この方式では $256 \times 256 \times 256 = 16\,777\,216$ 種類の色を表せることになる．0 から 255 の間の整数は 2 桁の 16 進数で表せるので，プログラム言語では，赤と緑と青の輝度をそれぞれ 2 桁の 16 進数で表して順に並べ，ff0000 (赤) や 0000ff (青) などのように表すことが多い．また，先頭に # をつけて表すことも多い．上のコードと同様のグラフを RGB 方式で表すと

```
1 plt.plot(month, hikone, color='#000000',
2         linestyle='solid', linewidth=1, label='Hikone',
3         marker='circle')
4 plt.plot(month, naha, color='#ff0000',
5         linestyle='dashed', linewidth=2, label='Naha',
6         marker='triangle_up')
```

のようになる．

▌**問 1.2**　白を 16 進数の RGB 方式で表せ．

1.2.4　カラーバリアフリー

　グラフを作成する場合に必要な色使いの工夫についてここで述べておく．グラフは誰にとっても見やすくわかりやすい配色にしなければならない．人間の網膜には光の三原色，赤・緑・青に対応する波長の光を検出する細胞 (錐体) がある．この細胞の機能には変異が多いため，誰もが同じように色を感じ取って

---

[5] 0 から 1 の間の小数で表すこともある．

いるわけではない．言い換えれば，見え方には個人差がある．たとえば，赤や緑の波長の光を感じにくい人がいる．このような人は男性に多く，日本人の場合，男性のうち 20 人に 1 人ぐらいだとされる．

　そのため，赤と緑の区別ができなければ読み取れないグラフを作らないように気をつける必要がある．たとえば，交通事故の発生率が高い地域を赤，低い地域を緑，中間の地域を黄色，というグラデーションで表すと，赤と緑の区別が難しい人にとっては非常に読み取りが難しくなる．もしこの図で発生率を 1 つの色(たとえば赤) の濃淡で表せば，誰にとっても読み取りやすくなる (白黒印刷にも適している)．つまり，面に色を塗って強調したつもりが，人によってはわかりにくくなってしまうこともあるので，同じ色の濃淡・明暗で区別するのがよい．

　一般的に，違う色を見分ける必要がないように配色を決めるのがよい．色以外の手がかりとして，ハッチパターン (縞模様など) もつければ区別は容易になる．折れ線グラフの場合，実線・破線・点線を使い分けたり，丸や三角などのマーカーをつける．折れ線がマーカーによって隠されてしまわないように，マーカーは塗りつぶさず枠線のみにするのが好ましい．

　以上をまとめて言えば，色に頼らず区別できる手がかりをグラフに仕込むことが大切である．このようにどのような人にも見やすいように図を作ることを**カラーバリアフリー** (色覚バリアフリー・カラーユニバーサルデザイン) という．

1.2.5　Matplotlib によるグラフの保存

　Matplotlib では，グラフを画面に表示するだけでなく画像ファイルへ保存することもできる．`plt.show()` のかわりに `plt.savefig('figure.png')` のように実行すればカレントディレクトリ上に画像を保存する．カレントディレクトリについて詳しくは p.17 を参照してほしいが，Jupyter Notebook でコードを実行している場合，デフォルトではノートブックファイルの置かれているディレクトリ (フォルダ) である．

　Matplotlib はさまざまな画像フォーマットの出力に対応しており，拡張子を変えれば JPEG や PDF の出力もできる．画像ファイルのサイズを変えたい場合は，画像ファイルを出力する前に

```
1  plt.figure(figsize=(4, 3), dpi=300)
```

のように指定しておく．figsize=(4, 3)で横4インチ，縦3インチになり
（1インチは約2.5cm），dpi=300で解像度が300 dpi[6]になる．したがって，横
1200画素，縦900画素の画像が出力される．グラフのアニメーションを動画
ファイルとして保存することもできる．

1.2.6 Matplotlibのその他の機能

plt.histでヒストグラムを作ることもできる．散布図はplt.scatter，棒
グラフはplt.bar，箱ひげ図はplt.boxplot，円グラフはplt.pieで作れる．
ヒートマップを作るplt.pcolorや3次元グラフを描くplt.plot_surfaceも
用意されている．折れ線グラフと散布図，ヒートマップと折れ線グラフなど複
数のグラフを組み合わせて表示する機能や，複数のグラフをグリッド上に配置
する機能もある．Matplotlibの機能は膨大で，本書では扱いきれない．これら
の機能については公式のリファレンスマニュアル[7]や解説サイトを参照しても
らいたい．

1.3　コンピュータ上のデータの扱い

　ここまで，Matplotlibでグラフを作成する方法を述べてきたが，グラフの元
になるデータはコードに直接書き込まれていた．しかし通常は，グラフの元にな
るデータはコードとは独立したファイルに格納されていて，コードから読み込む
ようになっていることが多い．コンピュータでは数値などのデータや画像など
のメディアはファイルとよばれる単位でストレージに記録される．そこで，この
節ではデータがコンピュータの中でどのようにファイルに書き込まれ，Python
からはどのように読み込むかを説明する．作成したグラフの画像ファイルの構
造と，コンピュータの中でのファイルの場所の指定方法についても説明する．

---

[6] 300 dpiは1インチあたり300画素ある解像度．
[7] https://matplotlib.org/stable/contents.html

1.3.1　データファイルフォーマット

次の表に対応するデータを読み込んで，グラフ化したいとしよう．

1	Apple	100	3
2	Orange	150	8
3	Banana	80	6

このようなデータはさまざまな形式でファイルに記述できるが，もっとも簡単で広く使われているのが，**CSV** 形式である．CSV は Comma Separated Values の略で，数値データの記録によく使われる．CSV ファイルはデータがカンマと改行で区切られている．上の表はテキストエディタで

```
1  1,Apple,100,3
2  2,Orange,150,8
3  3,Banana,80,6
```

と書き，data.csv という名前をつけて保存すれば CSV ファイルとして記録できたことになる．

┃ **問 1.3**　data.csv をテキストエディタで作成せよ．

　ここでは，ファイルに data.csv という名前をつけたが，このファイル名や前節で作った画像データの figure.png というファイル名はピリオドで区切られている．ピリオドの前の部分 (data や figure) がファイルそのものの名前で，ピリオドの後ろの部分 (csv や png) は**拡張子**とよばれる．拡張子はファイルの種類を表すために使われる．ファイルの種類ごとに，ファイルの解釈の仕方は異なる．ファイルの解釈の仕方の決まりのことを**フォーマット**という．たとえば CSV 形式はフォーマットの 1 つである．ファイルの拡張子はフォーマットを指定するためにつけられる．csv なら CSV ファイル，png なら PNG ファイル，bmp なら BMP ファイル，jpg なら JPEG ファイル，txt なら文章[8]，py なら Python スクリプトであることが示される．OS によっては拡張子が初期設定では隠されていて，"figure.png" が "figure" に見える場合があるので注意する必要がある．プログラミングをする場合は，拡張子が見える設定にしておくのが

---

[8] 拡張子では文字コードが指定されないので文字化けが発生することがある．

よい[9].

　CSV 形式は, データを表現するフォーマットの中で構造がもっとも単純なので, 広く使われている[10]. このため, CSV ファイルを読み書きできるソフトウェア は多い. たとえば, Microsoft Excel でも読み書きできる. ただし, CSV ファイ ルは Microsoft Excel のスプレッドシートでは可能な, グラフの挿入やフォント の指定や複数シートの利用ができない. ウェブ上で公開されているデータの多く が, CSV 形式で (も) 配布されている. たとえば, 気象庁から過去の気象データを CSV 形式で入手できる (`https://www.data.jma.go.jp/gmd/risk/obsdl/`). 株価データも CSV 形式でダウンロードできるウェブサイトがある (`https://kabuoji3.com/`).

　CSV 形式は値をカンマと改行で区切っただけの非常に単純なフォーマットで ある. しかし, ナンバー (ハッシュ) # で始まる行はコメントとして読み飛ばす, カンマを含む値 (位取りされた数など) を表現したい場合はダブルクオーテー ション " で囲む, などの規制を追加した CSV ファイルを使うソフトウェアも ある. それぞれのソフトウェアが読み書きできる CSV ファイルがどのようなも のなのかは取扱説明書で調べる必要がある.

　Python では CSV ファイルは

```
import csv
with open('data.csv', 'r') as f:
    reader = csv.reader(f)
    for x in reader:
        print(x)
```

のように読み込める. これを実行すると CSV ファイル data.csv の各行が

```
['1', 'Apple', '100', '3']
['2', 'Orange', '150', '8']
['3', 'Banana', '80', '6']
```

---

[9] Windows ならば Explorer で, 「ファイル名拡張子」にチェックを入れる. macOS なら Finder でファイルを選択してファイルメニューから「情報を見る」を選び, 「拡張子を隠す」 のチェックを外す.

[10] カンマの代わりにタブを使う TSV (tab separated values) ファイルも同様に単純である.

のように表示される．この時点では，すべての値が文字列として扱われている
ことに注意してほしい．数値として扱い，計算をするためには int や float で
数値型に変換する必要がある．

```
1  with open('data.csv', 'r') as f:
2      reader = csv.reader(f)
3      l = [x for x in reader]
4  print(l)
```

を実行すると，l は各行が要素に入ったリストになり，

```
1  [['1', 'Apple', '100', '3'], ['2', 'Orange', '150', '8'],
       ['3', 'Banana', '80', '6']]
```

のように表示される．
　グラフとして表示するには，

```
1  fruit = []
2  price = []
3  with open('data.csv', 'r') as f:
4      reader = csv.reader(f)
5      for l in reader:
6          fruit.append(l[1])
7          price.append(int(l[2]))
8  plt.bar(np.arange(len(fruit)), price, tick_label=fruit,
9      align='center')
10 plt.show()
```

のようにすればよい．

> **問 1.4**　上のコードを実行し，棒グラフが表示されるのを確認せよ．また，縦軸ラベ
> ルや横軸ラベルを追加し，図 1.4 のようにせよ．

> **問 1.5**　サポートサイトの https://www.gakujutsu.co.jp/text/isbn978-4-7806
> -0708-6/file/hikone-naha-2019.csv をダウンロードして折れ線グラフを作り，
> 図 1.1 とグラフが一致することを確認せよ．数値データが始まるのは 7 行目からな
> ので，冒頭の 6 行は読み飛ばす必要がある．3 行目と 4 行目を参照して彦根と那覇
> の平均気温が何列目かを確認して利用すること．

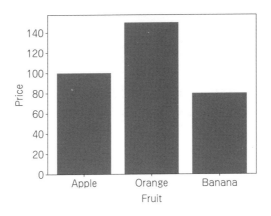

図 1.4 CSV ファイルの棒グラフ

1.3.2 メディアファイルフォーマット

コンピュータの中ではデータは 2 進数として扱われる．たとえば文字の "A" は ASCII コードでは 2 進数の 00100001 (16 進数で書くと 41, 10 進数で書くと 65) で表される．文字が多数並んだもっと長い文章も，2 進数として解釈することもできる．つまり，2 進数の数値データは文章としても解釈できる．さらに，以下で見るように，2 進数を画像として解釈することもできるし，音声として解釈することもできる．画像や音声として解釈するときには，解釈の仕方の決まり，つまりフォーマットがある．たとえば，画像の色を表す数値が左上から右下に順番に並んでいると解釈するフォーマットもあれば，それとは違った順番に並んでいると解釈するフォーマットもある．

拡張子が txt のファイルも py のファイルも中身がテキスト (文字の並んだもの) なのは同じである．しかし txt は (普通は) 日本語や英語で書かれた文章だが，py は Python のコードである．プログラム言語のコード以外のさまざまなフォーマットも中身はテキストファイルであることがある．たとえば，ベクター画像のフォーマットである SVG や EPS のファイルの中身はテキストで，テキストエディタで開けば読める．第 2 章で学ぶウェブ技術で中核をなす HTML ファイルもテキストファイルである．ウェブページの中の文字や，画像などの要素の配置は HTML ファイルに記述される．そのため HTML ファイルをテキストエディタで開けばウェブページにどのようなものが表示されるかを読み取

れるようになっている.

　画像ファイルは多くの場合テキストでは表現されず, テキストエディタで開いても一見でたらめな文字が並ぶだけで, どのような画像なのか全くわからない. 画像フォーマットの多くは, 画像のサイズや 1 つ 1 つの画素の色を 2 進数で表すため, これを機械的に ASCII や Unicode の文字だと解釈すると一見でたらめな文字列になる[11].

　BMP フォーマットを例にとって画像がどのように表現されているかを説明する (図 1.5). BMP フォーマットでは, 大まかにファイルは 4 つの部分に分けられる. ファイルの先頭にあるのがファイルヘッダで, ファイルの種類など全般的な情報を記述する. 次が情報ヘッダで, 画像の構造を記述する. その次がパレットデータで, これは色の画像の中の表現方法を指定する. 最後が画像本体のデータである.

　画像ファイルの中のそれぞれの情報は決まった長さを持ち, 順番に並べられている必要がある. たとえばテキストファイルに文章を書き込む場合, 文章の冒頭にタイトルがあっても途中にタイトルがあっても, 人間が常識でどれがタイトルかを判断できる. しかし, 画像ファイルはコンピュータのプログラムで例外なしに読み取れなければならない. したがって, それぞれの情報がファイルの中のどの場所に納められているかが決まっている必要がある.

　ファイルの特定の位置から何バイト目にあるかを相対**アドレス**という. たとえば, ファイルヘッダ先頭からの相対アドレスが 0 ならば, ファイルヘッダはファイルの先頭にあるので, ファイルの一番先頭にあるという意味である.

　BMP ファイルの先頭には "BM" と書き込まれる. これがない場合には, bmp の拡張子がついていても BMP ファイルとはみなされない. これに続いてファイルサイズを表す 4 byte がある. ファイルサイズは 64 bit 整数で表される. ここに書き込まれたファイルサイズが実際のファイルサイズと異なれば, ファイルが壊れていることがわかる. 続く 4 byte は将来 BMP のフォーマットを拡張する場合に備えたもので, 現在は利用されていない. その次に 4 byte で画像データがファイル先頭から何 byte のところにあるかが書き込まれる. ファイルヘッ

---

[11] ただし通常は, さまざまな方式でデータが圧縮されているため, 文字と画素は直接対応しない.

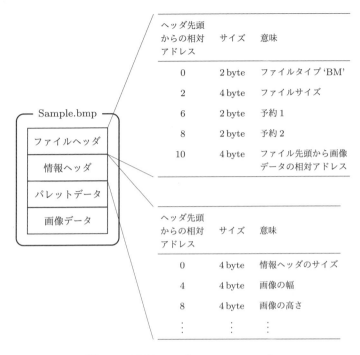

以下は図に含まれるテキスト：

Sample.bmp

ファイルヘッダ
情報ヘッダ
パレットデータ
画像データ

ヘッダ先頭からの相対アドレス	サイズ	意味
0	2 byte	ファイルタイプ 'BM'
2	4 byte	ファイルサイズ
6	2 byte	予約1
8	2 byte	予約2
10	4 byte	ファイル先頭から画像データの相対アドレス

ヘッダ先頭からの相対アドレス	サイズ	意味
0	4 byte	情報ヘッダのサイズ
4	4 byte	画像の幅
8	4 byte	画像の高さ
⋮	⋮	⋮

図 1.5　BMP ファイルのフォーマット

ダは以上の 14 byte で，その後ろに情報ヘッダが続く．「情報ヘッダのサイズ」は，情報ヘッダ先頭からの相対アドレス 0 に書き込まれる．つまり，情報ヘッダの先頭に書き込まれるので，ファイル先頭からは 14 byte のところに書き込まれることになる．

　BMP 以外にもさまざまな画像フォーマットがある．現在よく使われる画像フォーマットには表 1.3 のようなものがある．圧縮されたファイルは非圧縮のファイルよりもサイズが小さくなるため，多くの画像フォーマットでは画像を圧縮できる．圧縮には不可逆圧縮と可逆圧縮がある．可逆圧縮は画像のサイズは小さくなるが，画像は劣化しない．不可逆圧縮は画像を一部劣化させてより小さく圧縮する．可逆圧縮と不可逆圧縮のいずれかを選べるフォーマットもあるため，目的に合わせてフォーマットを使い分ける．

　コンピュータの中には，通常はファイルとして意識することが少ないファイルもある．たとえば，アプリケーションやその他の実行ファイルもファイルで

表 1.3　画像フォーマット

拡張子	圧縮	特徴
jpg, jpeg	不可逆圧縮	最もポピュラー，データサイズが小さい
png	可逆圧縮/不可逆圧縮	画質を劣化させたくないときに使用，アイコンなどにも使われる
bmp	非圧縮	生データ，ファイルサイズが大きい
gif	可逆圧縮	256 色しか扱えない，コマ送り動画再生が可能
ppm	非圧縮	テキストファイルとして読める形で画像を保存できる

ある．Windows の実行ファイルは拡張子が exe で，プログラム言語のコードを
実行ファイル (機械語) に変換するプログラム (コンパイラとよぶ) で生成される[12]．

> **問 1.6**　表 1.3 を参考に，`plt.savefig('figure.png')` の拡張子を変更して異なる
> フォーマットの画像を生成し，ファイルサイズを比較せよ．

1.3.3　ディレクトリとパス

　ファイルはディレクトリ (フォルダ) の中に分けて整理される．ディレクト
リの中にディレクトリを入れることもできる．ファイルがディレクトリに納め
られている様子は Windows では Explorer，macOS では Finder で見られる．
ファイルやディレクトリがどのディレクトリの中にあるかを示す文字列を**パス**と
いう．ディレクトリ A の中にディレクトリ B があり，ディレクトリ B の中に
ファイル C があるとき，ファイル C の所在を A/B/C のように表す．ここで，
ディレクトリやファイルの名前をスラッシュ (/) で区切ったが，これは Unix 系
OS[13] の流儀である．Windows では ¥ (もしくはバックスラッシュ \) で区切
り，A¥B¥C のように書く．

---

[12] ちなみに，Python のように，入力されたプログラムを機械語に変換せずに他のソフトウェ
ア (インタプリタ) の上で実行するものもある．本書の後半で扱う JavaScript の実行環境は
インタプリタとコンパイラの両方の特徴を備えている．

[13] macOS，Linux の各ディストリビューション，Android などが含まれる．

　パスには 2 種類の表し方がある．1 つは，ファイルシステムの一番根元にあるディレクトリから記述する**絶対パス**である．絶対パスではファイルシステムの一番根元を / で表したり，C ドライブの根元を C:¥ で表したりする．このうしろに，内包されたディレクトリを順番に並べたのが絶対パスである．たとえば，C ドライブにディレクトリ A があり，その中にファイル B があるとき，ファイル B の場所は C:¥A¥B で表せる．

　絶対パス以外の表し方が**相対パス**である．相対パスは，現在注目しているディレクトリ (**カレントディレクトリ**) から見てファイルやディレクトリがどこにあるか記述する．カレントディレクトリを . で，カレントディレクトリを包含しているディレクトリ (1 つ上のディレクトリ) を .. で，ユーザの**ホームディレクトリ**[14] を ~ で表す．カレントディレクトリを包含しているディレクトリを包含しているディレクトリは ..¥.. になる．たとえば，ホームディレクトリが C:¥data2 でカレントディレクトリも同じディレクトリのとき，C:¥data2¥File3.jpg，~¥File3.jpg，..¥data2¥File3.jpg，..¥data2¥..¥data2¥File3.jpg，..¥data2¥.¥File3.jpg はどれも同じファイルを指す．

　シェル[15]からプログラムを実行すると，実行時のシェルのカレントディレクトリがそのプログラムの中でのカレントディレクトリになる．それ以外の環境でコードを実行するときには，そのコードのファイルが置かれたディレクトリになることが多い．カレントディレクトリを変更する命令をプログラムの中で実行することもできる．

▎**問 1.7**　自分の PC の中のファイルを 1 つ選んで，その絶対パスを書け．

---

[14] 各ユーザに割り当てられた，自分のファイルを置くためのディレクトリをホームディレクトリという．通常はホームディレクトリの中にディレクトリを複数作ってファイルを整理する．

[15] Windows の Command prompt や macOS の Terminal で起動されるコマンド実行環境．シェルの操作については第 5 章 5.1 節参照.

章 末 問 題

1-1 Matplotlib で $y = x^3 - x^2 + 1$ のグラフを $-10 \leq x \leq 10$ の範囲で作図せよ.

1-2 政府の統計窓口 e-Stat から CSV ファイルをダウンロードし，Excel や Python で開いてグラフにせよ.

1-3 気象庁のウェブサイトから自分の住所の最寄りの観測地点におけるある 1 日の 1 時間ごとの気温の推移を調べ，Matplotlib で折れ線グラフにせよ.

1-4 翌日の気温の推移を前問で作ったグラフの上に重ね描きせよ.

1-5 テキストファイル以外のファイルを開いて見るためのバイナリエディタとよばれるアプリケーションがある．バイナリエディタではファイルの内容が 16 進数で表示される．手元の BMP ファイルをバイナリエディタで開き，本章の説明のとおりになっていることを確認せよ．また，JPEG ファイルは違ったフォーマットになっていることを確認せよ．BMP ファイルや JPEG ファイルが手元にない場合は Matplotlib で生成するとよい.

第 2 章
ウェブサイトの構築

　スマホでニュースや SNS を見る，天気予報を確認する，地図で目的地を探す，キーワードで検索をする……私たちはさまざまな場面でネットの情報を見ている．PC やスマートフォンを使う時間のうち多くを占めるのがウェブの閲覧である．ウェブでは動画の閲覧や読書などもできるが，ウェブ上で可視化されたグラフを見ることも多い．たとえば，ニュース記事には経済・社会データのグラフがあることが多く，動画にもグラフが出てくることがある．本章では，前章で可視化したグラフをウェブ上で公開する方法を学ぶ．

　本章で学ぶのは，ウェブ技術の基礎である．おおむね，ウェブとは Google Chrome, Safari, Firefox などのウェブブラウザで見られるものだと考えてよい．これに加えて，スマートフォンのアプリの中にはウェブ技術の上に作られ，背後でウェブブラウザが動いているものもある．本章ではウェブサーバの仕組みを理解し，サーバを設定してグラフの画像を公開する．

2.1　ウェブとは

　PC やスマートフォンのウェブブラウザで見られるページをウェブページ (web page) という．ウェブは World Wide Web (WWW) の略である．ウェブは 1990 年代初頭にティム・バーナーズ＝リー (1955–) とロバート・カイリュー (1947–) が開発を始めた技術である．PC やスマートフォンでウェブページが見られるのは，(1) PC やスマートフォンがネットワークの向こうのコンピュータにウェブページのデータを送るように要求し，(2) それが送り返されてくるからである．これを**クライアント** (PC やスマートフォン) が**サーバ** (ネットワークの向こうのコンピュータ) に**リクエスト** (要求) を送り，サーバがクライアン

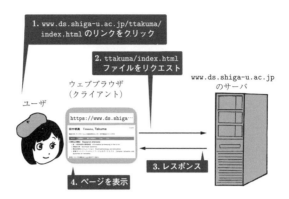

図 2.1　サーバ・クライアントモデル，ウェブブラウザの動作の仕組み

トに**レスポンス**(ウェブページのデータ)を返すという (図 2.1). この通信方式を**サーバ・クライアント モデル**という. サーバ・クライアントモデルでサーバが提供する機能をサービスという.

　どのページを見るかを指定するのがいわゆるウェブのアドレスである. たとえば https://www.ds.shiga-u.ac.jp/about/message/ がアドレスである. いわゆるアドレスは正式には **URL** (Uniform Resource Locator) とよばれる. URL は**プロトコル名**，**ドメイン名**，**パス**からなる. プロトコル名は通信の方式を表し，ウェブは http か https で，前者は暗号化されていない通信，後者は暗号化された通信を意味する. ドメイン名はサーバを指定するものである. この例だと www.ds.shiga-u.ac.jp である. ドメイン名はピリオドで区切られ，日本国内だと jp で終わるものが多いが，com や net で終わるものもある. パスはサーバの中のどのファイルもしくはデータをリクエストするかを表すものである. この例だと /about/message/ がパスである. ファイルのパスと同じで，スラッシュで区切られる. パスはディレクトリ階層を表すと思ってよいが，サーバにこのパスで表されるファイルやディレクトリが存在しないこともある (その場合，仮想的にそのようなパスで表されるファイルやディレクトリがあることになる).

2.2 HTML

URL を指定してリクエストを送ると，レスポンスとして返ってくるのは **HTML** (HyperText Markup Language) ファイルである．HTML ファイルはウェブページの中核をなし，おおむね 1 つのページが 1 つの HTML ファイルに対応する．画像や音声は通常，HTML ファイルそのものには含まれず，HTMLファイルの中から参照される．これらの要素をウェブページの中にどのように配置するかが HTML ファイルに記述される．

HTML ファイルはテキストファイルである．そのため，HTML ファイルをダウンロードすれば中身はテキストエディタで読める．HTML ファイルを作成するときにもテキストエディタを使える[1]．HTML ファイルの拡張子は htmlもしくは htm である．

HTML は厳密な文法のある言語である．HTML の文法は第 3 章で解説する．ただし，ウェブブラウザは文法に沿っていない内容でも受け付けてそれなりに表示してくれる．テキストエディタで

```
1  Hello World
```

とだけ書き，index.html という名前をつけて保存してみよう．これをウェブブラウザで開くと，Hello World と表示される．HTML ファイルの中の文字列をウェブページの文章と解釈して表示していることになる．

HTML ファイルに限らず，日本語を扱うときは**文字コード**に注意する必要がある．画像をさまざまなフォーマットで保存できるように，文字も表現方式がいろいろあり，その方式を文字コードという．日本では長く **Shift_JIS** が広く使われてきたが，近年標準になっているのが **UTF-8** である[2]．Windows のメモ帳では標準で Shift_JIS で保存されるが，保存のときにほかの文字コードを選ぶこともできる．

ある文字コードだとみなして別の文字コードで保存された文書を読み取ろう

---

[1] メモ帳でもよいが，もっと便利なテキストエディタを使うのがおすすめである．
[2] UTF-8 は文字コード Unicode の文字符号化形式の 1 つである．ほかに UTF-16 と UTF-32 がある．

とすると，**文字化け**が起こる[3]．文字化けがウェブページで発生したら文字コードの問題がないかを調べるのが第一である．ASCII コードに入っている半角英数字は多くの文字コードで共通なので，文字化けが起こった場合でも問題なく表示されることが多い．しかし，ASCII コードに入っている文字 \ でも，文字コードによっては¥と表示されるなど，細かい違いはあるので注意が必要である．

次の HTML コードをメモ帳などのテキストエディタで作成し，UTF-8 で保存する[4]．文字コードはセーブダイアログで指定できることが多い．ファイル名を index.html として保存する．拡張子 html は HTML ファイルであることを明示する．

```
1  <!DOCTYPE html>
2  <html lang="ja">
3    <head>
4      <meta charset="utf-8">
5    </head>
6    <body>
7      <p>Hello Worldハローワールド </p>
8      <img src="./figure.png">
9    </body>
10 </html>
```

この HTML ファイルを保存したのと同じディレクトリに前の章で作成した画像ファイル figure.png を置く．index.html をウェブブラウザで開いてみると，「Hello World ハローワールド」と表示された下に画像が表示される．これは index.html が画像ファイル figure.png を表示するように指定しているからである．HTML ファイルと同じディレクトリに画像ファイル figure.png が存在しない場合には，ウェブブラウザでは画像は表示されない．このように，HTML ファイルではさまざまなメディアファイルをウェブブラウザに表示するするように指定できる．これは非常に単純な HTML コードだが，この HTML コードを大がかりにしたものが，私たちが日々見るウェブサイトを形作っている．HTML コードの読み方については第3章で詳しく説明する．

---

[3] たとえば次ページの HTML コードで utf-8 を shift_jis に置き換えて UTF-8 で保存すると，ウェブブラウザでは「Hello World 綱上Ｏ綱ｼ綱ｧ綱ｼ綱ｫ綱」のように表示される．

[4] Shift_JIS で保存した場合は 4 行目の utf-8 を shift_jis とする．

問 2.1 上記の HTML コードを index.html と名前をつけて保存した上で，同じディ
レクトリに figure.png を配置し，index.html をウェブブラウザで開くことで画像が
表示されることを確認せよ．

2.3 ウェブページを公開するには

この index.html は今のところ，ファイルが置かれた PC の中でしか見られな
い．PC は通常，ウェブページを全世界に公開する設定になっていないからであ
る．ウェブページを全世界に公開するためには，設定されたウェブサーバが必
要になる．PC を適切に設定すればウェブサーバとして使えるが，設定は複雑
で，セキュリティ上の注意やさまざまな手続きも必要になる．

この手間を省くため，設定済みのサーバを無料もしくはかなり安価 (月額数
百円から) で借りられるサービスが現在普及している[5]．本章で説明するウェブ
ページの公開を試してみるため，このようなサービスを契約してもらいたい[6]．
このようなサービスは提供する業者ごとにさまざまな呼び方がされているが，
ウェブホスティングサービスや**レンタルサーバ**という名前になっていることが
多い．

注意点としては，任意のウェブページを公開できるサービスを選ぶ必要があ
る．本書の内容を試してみるためには，ブログサービスや，WordPress などの**コ
ンテンツ管理システム** (content management system; CMS) を使うことが前提
になっているサービスではなく，HTML ファイルを直接公開できるサービスで
なければならない．HTML ファイルや画像ファイルを公開するためには，レン
タルサーバ上にこれらのファイルをアップロードする必要がある．アップロー
ドするときには SCP や FTP などのファイル転送サービスや，ウェブブラウザ
経由でファイルを送れる仕組み (WebFTP など) が提供されていることが多い．
どのような仕組みが使えるかはサービスごとにさまざまなので，それぞれの業
者の説明を確認されたい．

---

[5] 執筆時においてスターサーバー `https://www.star.ne.jp/free/`, Xfree `https://www.xfree.ne.jp/`, Xrea `https://www.xrea.com/` などがある．

[6] この教科書を使う先生方への注：同時に多数の学生が大学内から 1 つのサービスにアカウン
トを作成すると，不正を疑われてアカウントが停止される場合がある．学内にウェブサーバ
を立てて使うのが安心である．

サービスを契約するときにドメイン名を設定することを求められる場合がある．その場合は，自由にドメイン名を選んでよい．自動で割り当てられる場合はそれを利用することになる．独自ドメインを取得することもできるが，追加で手続きをし，料金を払う必要がある．

契約が完了すれば，ウェブブラウザのアドレスバーにそのドメイン名を入力すれば接続できる．ただし，この時点ではファイルを何もアップロードしていないので，何も表示されないか，サーバの初期設定画面が出てくる．自分の望みのページを表示させるためには，HTMLファイルとその他のファイルをアップロードする．サーバに前節で作ったindex.htmlをアップロードしてみよう．レンタルサービスの提供しているファイルマネージャでアップロードすればよい．画像ファイルfigure.pngも忘れずアップロードしよう．

ここで再びウェブブラウザ上でドメイン名を入力すれば，「Hello World ハローワールド」の文字と画像が表示される．表示されるものは自分のPCの上でindex.htmlを表示したときと同じである．ウェブサーバは，ドメイン名がリクエストされると，index.htmlを探してそれをレスポンスとして返す設定になっていることが多い．明示的に "https://ドメイン名/index.html"（または "http://ドメイン名/index.html"）で指定しても同じものが表示される．別のHTMLファイルをアップロードしたならば，そのページは "https://ドメイン名/ファイル名"（または "http://ドメイン名/ファイル名"）で表示できる．これで全世界にウェブサイトが公開されたことになる．パスワードをかけるなどの設定をしない限り誰でも見られる状態になっているので，不用意に個人情報などをアップロードしないように気をつける必要がある．

> **問 2.2** レンタルサーバや大学のサーバ上に，前節で作ったHTMLファイルを使ってウェブページを公開せよ．

2.4 インターネットの仕組み

ここで，インターネットの仕組みについて説明しておこう．インターネットは世界をつなぐネットワークである．コンピュータが互いに通信する仕組みをネットワークというが，現代ではネットワークにつながっている機器のほとんど

が直接的・間接的にインターネットにつながっている．たとえば私たちが使う PCやスマートフォンのほぼすべてがインターネットにつながっている．ウェブはインターネット上に構築されたサービスの1つである．電子メール，SCP，FTPもインターネット上のサービスである．

ウェブブラウザで指定するURLのうち，サーバを指定するのはドメイン名の部分である[7]．しかし，サーバへの接続で実際に使われるのは **IPアドレス** である．IPアドレスは整数で表され，記憶しにくいため，記憶しやすいドメイン名が使われる．ドメイン名から対応するIPアドレスを得るための **DNS** (domain name system) とよばれるサービスがある (図2.2)．ドメイン名でサーバが指定された場合，DNSサーバにリクエストしてIPアドレスを得てからそのIPアドレスのサーバにリクエストが送られる．DNSサーバはドメイン名からIPアドレスを出すだけでなく，その逆の変換もできる．

IPアドレスには旧来の **IPv4** と新しい **IPv6** があり，後者への移行が進んでいる．IPv4アドレスは172.217.161.227などのように，0〜255の数字を

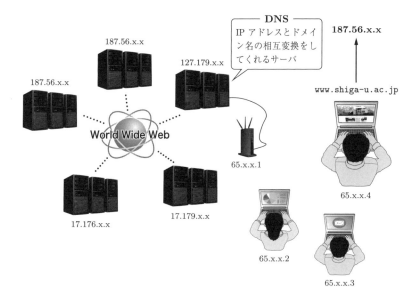

図 2.2 DNS とは

---

[7] ドメイン名はウェブだけではなくメールなどほかのインターネットのサービスでも使われる．

4つ組み合わせてピリオドで区切って表現される．つまり，32 bit すなわち
$2^{32} = 4\,294\,967\,296=$ 約 43 億通りの組み合わせが表現可能である．現在では割
り当て可能な IPv4 アドレスは枯渇してしまっており，新たに利用するために割
り当てることは難しい．

これに代わって近年では IPv6 アドレスが使われるようになってきている．IPv6
アドレスは，2404:6800:400a:80c::200e など．0000〜ffff の 16 進数表記の数字を
最大 8 つ連結しコロンで区切って表現される．:0000: は :: と略記してよいことに
なっているので，2404:6800:400a:80c::200e は 2404:6800:400a:080c:0000:200e
と同じである．128 bit つまり

$$2^{128} = 340\,282\,366\,920\,938\,463\,463\,374\,607\,431\,768\,211\,456 = 約 340 澗$$

通りの組み合わせが表現できる．これを地球の全原子数 (10^{50} 個程度) と比較す
れば，IPv6 アドレスはほぼ枯渇しないことがわかる[8]．

ドメイン名と IP アドレスはおよそ一対一で対応していると思ってよい[9]．た
とえば，IP アドレスの 219.94.200.29 はドメイン名の www.shiga-u.ac.jp に対
応している．ドメイン名がどの IP アドレスに対応しているかを調べるためには，
`dig` や `ping` などのコマンドを使えばよい．Windows の PowerShell や macOS
の Terminal で

```
1  ping www.ds.shiga-u.ac.jp
```

を入力してみると，

```
1  PING www.ds.shiga-u.ac.jp (133.18.32.10): 56 data bytes
```

などと表示される (コントロールキーと C を同時に押すと停止する)．これが
サーバの IP アドレスである．より直接的に DNS サーバにリクエストを送るた
めには `nslookup` を使う．

```
1  nslookup www.ds.shiga-u.ac.jp
```

---

[8] ここでは IP アドレスを持つ電子機器には最低 10^{15} 個程度の原子が必要だと想定した．

[9] ただし，同一 IP アドレスにドメイン名を複数割り当てて別のサービスを提供したり，1 つの
ドメイン名を別の IP アドレスを持つ複数のサーバに対応させて負荷を分散させたりするこ
ともある．

で

```
1  サーバー: ntt.setup
2  Address: xxxx:xxxx:xxxx:xxxx:xxxx:xxxx:xxxx:xxxx
3
4  権限のない回答:
5  名前: www.shiga-u.ac.jp
6  Address: 219.94.200.29
```

のように IP アドレスが表示される．"Address" に書かれているのが IP アドレスである．

ドメイン名の後ろに:80 や:443 のような数字がつくこともある．この数字は**ポート番号**とよばれる．ポート番号とは通信の種類を区別するためのものである．コンピュータがネットワークとのやりとりのために複数の入出力を持っていてそれらを番号で区別していると思えばよい．ウェブサーバの通信は標準では 80 番ポートもしくは 443 番ポートと決められており，SSH サーバとの通信は 22 番ポートと決められている．そのため，1 つの PC がウェブサーバとしても SSH サーバとしても使われているとき，前者はこのサーバの 80 番もしくは 443 番，後者は 22 番ポートへ通信することになる．このように，ポート番号で区別されているので，1 つの PC の上で混乱なく複数のサーバを動かすことができる．ウェブブラウザはウェブサーバの 80 番ポートもしくは 443 番ポートへリクエストを送り，レスポンスとして返ってきたファイルを表示するようになっている (図 2.3)．違うポートにリクエストを送るとレスポンスが正しく返ってこない．

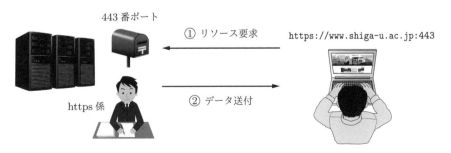

443 番ポート

① リソース要求

https://www.shiga-u.ac.jp:443

② データ送付

https 係

図 2.3 ポート番号

それぞれの**プロトコル**ごとに標準的に使うポート番号 (ウェルノウンポート) が決まっている．プロトコルとは通信の約束のことで，およそサービスの種類に対応する (表2.1)．

表2.1 通信プロトコルと標準ポート番号

プロトコル名	正式名称	使用目的	標準ポート番号
http	hypertext transfer protocol	HTML を基本とするウェブページ	80
ftp	file transfer protocol	ファイル送受信	20, 21
telnet	teletype network	リモート操作	23
https	HTTP Secure	http の通信を暗号化したもの	443
scp	secure copy protocol	ファイル送受信を暗号化したもの	22
ssh	secure shell	リモート操作を暗号化したもの	22

問2.3 ウェブブラウザではドメイン名の後ろにコロンに続けてポート番号を書くとそのポートにアクセスできる．自分の作成したウェブサイトについて，`http://ドメイン名:80/index.html` のようにアクセスできることを確認せよ．HTTPS の場合は 443 を指定すること．通常はこのポート番号は省略されている．

章 末 問 題

2-1　ウェブサーバ上に任意の名前でディレクトリを作り，そこに index.html を配置してアクセスしてみよ (ただし，日本語の名前は問題が起きやすいので避けること)．また，index.html を変更してアップロードしなおしてみよ．index.html を変更したにもかかわらずウェブブラウザ上で変更が反映されない場合は，ウェブブラウザがキャッシュされた古いページを表示し続けている可能性がある．このような場合は，キャッシュを無視してサーバから直接読み込むスーパーリロード[10]を実行するとよい．

2-2　普段使っているウェブサイトの IP アドレスを調べよ．これをウェブブラウザのアドレスバーに入力してウェブサイトが見えるかどうかを確認せよ．

---

[10] スーパーリロードは Google Chrome では Windows ならシフトキーを押しながら F5 キー，macOS ならコマンドキーとシフトキーを押しながら R で実行できる．

第 3 章

HTML によるデータの公開

　私たちがウェブブラウザで見るウェブサイト上には，画像や文章が組み合わされて見やすく配置されている．たとえば，動画サイトでは動画の上や下に動画のタイトルが表示され，ニュースサイトでは記事の中に写真が挿入されている．前章では，ウェブサイトにデータをアップロードし公開する最低限の方法を学んだが，ウェブサーバに画像や文章などのファイルをアップロードしても，それらがそのまま見やすい形でウェブページとして表示されるわけではない．データをわかりやすく，見やすい形で公開するためには，ウェブサイトの構造を HTML ファイルによって適切に決定する必要がある．そのために，本章ではウェブ技術の中核をなす HTML の文法の初歩を学ぶ．また，ウェブサイトの見え方を決める CSS についても学ぶ．本章を読むことで，ウェブページにさまざまな要素を配置し，装飾できるようになる．

3.1　ハイパーテキスト

　ウェブブラウザでページ上の文字や画像をクリックあるいはタップするとほかのページに移動できる．クリックあるいはタップすると別の箇所へ移動できるものをリンクという．このような仕組みはヴァネヴァー・ブッシュ (1890–1974) によって構想され，テッド・ネルソン (1937–) とダグラス・エンゲルバート (1925–2013) によって実装された．文書にリンクがあり，リンクを辿って別の文書を読める仕組みを**ハイパーテキスト**という．ハイパーテキストとは複数の文書 (テキスト) を関連させたものと言い換えられる．HTML ではテキストだけでなく，画像などの情報も表示できるようになっている．その一方で，HTMLファイルは本質的にはテキストファイルなので，HTMLファイルにはたとえば

画像そのものの情報は書き込まれず[1]，代わりにどの画像ファイルをどこに表示するかが記載される．つまり，ウェブブラウザが HTML を解釈して画像を埋め込んだりリンクで移動したりできるようにしている (図 3.1).

中身はただのテキストファイル

図 3.1　(左) ウェブブラウザで見たウェブページ．(右) 同じページの HTML ソース.
出所：滋賀大学ホームページ `https://www.shiga-u.ac.jp`

　現在ウェブブラウザで見ているページの HTML コードを読みたいときには，ウェブブラウザに組み込まれた**開発ツール** (インスペクタ) を使うのが便利である．多くのウェブブラウザで「ソースを表示」あるいは「ページのソースを表示」をメニューから選ぶことで HTML コードを見ることができる．
　ハイパーテキストはリンクによってあるページから別のページにつながっている．ウェブは互いにつながった巨大なハイパーテキストである．ユーザはリンクを辿って自由にページからページへ移動できる．しかしこれは逆に言えば，ウェブページにはどこか別のページからリンクされていないと到達できないということである．そのため，インターネット黎明期にはウェブサイトを分類ごとに並べているサイト (ディレクトリ型サービス) があり，そこからさまざまなウェブサイトに飛べるようになっていた．当時は，ウェブサイトを作ったらどこかのディレクトリ型サービスに登録してもらう必要があった．現在ではディレクトリ型サービスに代わって検索エンジンがウェブの入り口になっている．**検**

---

　[1] SVG 形式の画像ファイルなどが HTML ファイルに直接書き込まれることはあるが，主たる方法ではない.

索エンジンはウェブのあらゆるページの情報をダウンロードし, これをもとに検索機能を提供する. これを, 検索エンジンの**クローラー**がクローリングするという. これによって各自でウェブページをディレクトリ型サービスに登録しなくても, クローラーが来てくれれば検索によって見てもらえるようになった. しかし依然として, リンクもなく, 検索エンジンが表示してくれないページは誰の目にも触れない. そのため, ウェブサイトを新設したときには検索エンジンにクローリングを要求する必要がある[2].

問 3.1　自分がよく使うウェブサイトのソースを表示してみよ.

問 3.2　ハイパーテキストと検索エンジンの歴史について調べてまとめよ.

3.2   HTML の基礎文法

ウェブページの中核をなすのは HTML ファイルだが, HTML ファイル以外のさまざまなファイルもウェブページの部品になる. たとえば, ウェブページには画像・動画・音声メディアが組み込まれる. また, HTML ファイルに記述された内容の見た目を決める **CSS** (Cascading Style Sheets) ファイルや, 動作を決める JavaScript ファイルもある. 本節では HTML の文法の概要を述べる. HTML を使って HTML ファイル以外のファイルをページの中に組み込む方法についても説明する. CSS や JavaScript については後述する.

3.2.1   HTML の構造

HTML ファイルはテキストと, テキストを修飾するさまざまな**タグ**からなる. タグの役割は, テキストの構造を決めたり, テキストにさまざまな機能を持たせたり, テキストの見た目を変えたり, テキスト以外のものを挿入したりすることである. タグは "<xxx>" の形を持つ. xxx はタグの機能を決めるタグ名であり, "<" と ">" およびその中のタグ名はスペースも含めてすべて半角英数字で書く (全角で書くと認識されない). タグのほとんどは, 開始タグと終了タグで組になっている. 開始タグが <xxx> の場合, その終了タグは </xxx> で

---

[2] 他のウェブサイトからのリンクがあれば明示的にクローリングを要求しなくても検索エンジンがクローリングしてくれることはある.

ある．たとえば，HTML ファイル全体は

```
1  <html>
2    (HTMLファイルの中身)
3  </html>
```

のように記述する．これは，このファイルが HTML の構文で書かれていることを示す宣言である．HTML ファイルが記述するウェブページの内容はすべてこの `<html>` と `</html>` の間に書く．前章で見たように，この `<html>` と `</html>` がなくてもウェブページは表示可能だが，文法的に正しい HTML ファイルにするためには必要である[3]．タグは大文字と小文字を区別しないので，`<html>` と `<HTML>` は同じ意味である．ただし，小文字で書くのが慣習になっている[4]．

　HTML ファイルの中は大きく 2 つの部分に分けられる．1 つがページのさまざまな設定を記入する箇所で，`<head>` で始まり `</head>` で終わる．この中にはページのタイトルを決めるタグ `<title>` (タイトル名) `</title>` などを入れる．もう 1 つがページに表示する中身を書く箇所で，`<body>` で始まり `</body>` で終わる．

　ここまでをまとめると，ウェブページの雛形は

```
1   <!DOCTYPE html>
2   <html lang="ja">
3     <head>
4       <meta charset="utf-8">
5       <title>私のページ</title>
6     </head>
7     <body>
8       テスト メッセージ
9     </body>
10  </html>
```

となる．冒頭の `<!DOCTYPE html>` はこのファイルが HTML ファイル (特に HTML5 ファイル) であることを示す宣言である．これは特殊なタグであり，タ

---

[3] HTML の文法的に誤っているウェブページは検索エンジンが正しく認識できず，ユーザがページに到達できない可能性がある．

[4] HTML の派生規格 XHTML ではタグは小文字に限定される．

グ名に！を含む．終了タグはない．<html lang="ja"> となっているのは，日本語で記述されていることを意味する．<meta charset="utf-8"> は文字コードが UTF-8 であることを示す．この HTML ファイルをウェブブラウザで開けば，ウェブブラウザのタブに「私のページ」とタイトルが表示され，本文として「テストメッセージ」が表示される．

> **問 3.3**　次項 3.2.2 の HTML ファイルはこの雛形にどの点では従っていて，どの点では従っていないかを確認せよ．

3.2.2　HTML ファイルの表記

次のような HTML ファイルをウェブブラウザで開くと何が表示されるのかを見てみよう．ただし，空白はすべて半角スペースである．

```
1    <html>
2    <head>
3    <title> 私のページ </title>
4    </head>
5  <body>
6  しが　たろう
7        滋賀　太郎
8    滋賀大学 データサイエンス学部
9    </body>
10   </html>
```

このファイルを開くと，ウェブブラウザ上では連続する半角スペースはスペース 1 個だけに置換され，残りは無視される（全角スペースはすべて残る）．改行も無視され，スペースと同じ扱いを受ける．つまり，表示は

> しが たろう 滋賀 太郎 滋賀大学 データサイエンス学部

となる．空白も改行も無視されるということは，HTML ファイルを編集するときに見やすくなるように適当に改行やインデントを入れてよいということである．

HTML ファイル内で改行してもウェブブラウザ上では改行されないので，ウェブブラウザ上で改行したければ
 タグを使う．たとえば，

```
1  しが たろう<br>
2  滋賀 太郎
```

のように
 タグを挿入すると,

```
しが たろう
滋賀 太郎
```

のように表示される.
 タグには終了タグはない.

一方, HTML ファイル上の空白や改行をそのままページに表示したいことも
ある. このようなときには, <pre> タグを使う.

```
1  <pre>
2  dat = [70, 50, 45, 75, 90, 85, 60]
3  N = len(dat)
4  total = 0
5  for i in range(N):
6      total += dat[i]
7  ave = total / N
8  print(ave)
9  </pre>
```

のように書くと, ウェブブラウザ上では HTML ファイルと同じように

```
dat = [70, 50, 45, 75, 90, 85, 60]
N = len(dat)
total = 0
for i in range(N):
    total += dat[i]
ave = total / N
print(ave)
```

のように表示される. このように, <pre> タグはソースコードを表示するとき
などに便利である.

改行するために毎回
 タグを入力しなければならないのは不便なように
感じられ, 改行がそのまま反映される <pre> タグを使いたくなるかもしれない
が, ソースコードの表示など必要な場面以外では, <pre> タグを多用するのは

好ましくない．HTML は文章の見た目を決めるというよりも，論理的構造を記述するものだからである．そのため，タグは文章の構造が明らかになるものを使うのが好ましい．たとえば，
 の改行はどのような意味での改行なのかわからないが，段落を区切っている改行ならば，<p> **(段落の文章)** <\p> と書いた方がよい．<p> タグは段落の始まり，<\p> タグは段落の終わりを意味する．これによって段落の前後に改行が入り，しかも 1 つの段落という論理的構造であることが明示される．

3.2.3 開始タグと終了タグと属性

タグには <p>〜</p> のように**開始タグと終了タグ**があるものもあれば，
 のように終了タグのないものもある．区切り線を表す <hr> も終了タグがない．開始タグの中に設定したいと**属性**を記載できる．たとえば，<hr width="30"> で区切り線の長さが 30 画素，<hr width="30%"> で横幅全体の中の 30 ％となる．ここで，width が属性である．hr と width の間は半角スペースで区切る．全角スペースだと正しく認識されない．このように属性を指定すれば見た目を変えられるが，HTML 上で直接指定するのは推奨されず，後述する CSS で指定するのが好ましい．これも，HTML は文章の見た目ではなく論理的構造を記述することが推奨されているからである．

3.2.4 見出し

文中に見出しを作るには <h1>〜<h6> タグを使用する．

```
1  <!doctype html>
2  <html lang="ja">
3    <head>
4      <meta charset="utf-8">
5      <title> 私のページ </title>
6    </head>
7    <body>
8      <h1> 見出し 1 </h1>
9      <h2> 見出し 2 </h2>
10     <h3> 見出し 3 </h3>
11     <h4> 見出し 4 </h4>
```

```
12      <h5> 見出し 5 </h5>
13      <h6> 見出し 6 </h6>
14    </body>
15  </html>
```

上のように記述すれば，次のように表示される．

見出し 1
見出し 2
見出し 3
見出し 4
見出し 5
見出し 6

<h1> タグはページ中のもっとも大きな見出しで，数字が大きくなるとより小さい見出しになる．**<h1>** タグでページのタイトルを表し，ページの中の文章の見出しは **<h2>** タグでつけ，さらに小さい見出しを **<h3>** タグでつけ，……などとする．通常，見出しタグの中の文字は大きく表示される．見出しタグ以外の方法でも文字を大きくすることはできるが，見出しタグはただの大きい文字と違って文章の見出しであることが明示されるので，単に文字サイズを大きくするよりもよい．逆に，文字サイズを大きくするためだけに見出しタグを使ってはならない．

> **問 3.4** **<h7>~</h7>** は存在しないタグである．これを使ったときの見た目はどうなるか確認せよ．

> **問 3.5** **<h1>~</h2>** のように開始タグと終了タグが対応していない場合どのように表示されるか見てみよ．

3.2.5 リスト
リスト (箇条書き) には 3 種類あり，番号なしリスト，番号つきリスト，定義リストがある．

```
 1  <ul>
 2    <li> アイテム 1 </li>
 3    <li> アイテム 2 </li>
 4    <li> アイテム 3 </li>
 5  </ul>
 6  <ol>
 7    <li> アイテム 1 </li>
 8    <li> アイテム 2 </li>
 9    <li> アイテム 3 </li>
10  </ol>
11  <dl>
12    <dt> アイテム 1 </dt>
13    <dd> アイテム 1とは, ……</dd>
14    <dt> アイテム 2 </dt>
15    <dd> アイテム 2とは, ……</dd>
16    <dt> アイテム 3 </dt>
17    <dd> アイテム 3とは, ……</dd>
18  </dl>
```

上のコードは, 次のように表示される.

> - アイテム 1
> - アイテム 2
> - アイテム 3
>
> 1. アイテム 1
> 2. アイテム 2
> 3. アイテム 3
>
> **アイテム 1**
>   アイテム 1とは, ……
> **アイテム 2**
>   アイテム 2とは, ……
> **アイテム 3**
>   アイテム 3とは, ……

番号なしリストは行頭に「●」などの印がつく箇条書きで, 箇条書き全体を
<ul>～</ul> で囲む. 番号つきリストは行頭に連番の数字がつく箇条書きで,

箇条書き全体を <ol>〜</ol> で囲む．番号付きリストの連番は算用数字ではなくアルファベットやローマ数字をつけるように指定することもできる．たとえば，<ol type="a"> で小文字アルファベット，<ol type="A"> で大文字アルファベットになる．番号なしリストと番号つきリストの各項目は <li>〜</li> で囲む．定義リストは用語解説を作るのに使える．全体を <dl>〜</dl> で囲み，各項目の用語を <dt>〜</dt> で囲み，用語の説明を <dd>〜</dd> で囲む．

3.2.6 リンク

リンクは <a href="https://www.shiga-u.ac.jp"> 滋賀大学へのリンク</a> のように作れる．「滋賀大学へのリンク」をクリックまたはタップすると https://www.shiga-u.ac.jp へ移動する．新しいタブを開くように指定するためには <a href="https://www.shiga-u.ac.jp" target="_blank">滋賀大学へのリンク</a> のようにすればよい．自分のサーバ上の HTML ファイルへのリンクでは，相対パスで表記することもできる．URL やパスは大文字と小文字が区別されるので正確に入力する必要がある．

このようなリンクではリンク先への移動後にページの一番上が表示される．移動先でページの特定の部分を表示したいときには，表示したい部分のタグに <h2 id="toc">〜</h2> や <p id="footnote1">〜</p> のように id 属性で任意の名前を指定しておき，<a href="http://example.com/index.html#toc">リンク</a> のように表示したいタグに与えた id 属性の値に # をつけて指定すればよい．同一ページ内での移動は，# より前を省略して <a href="#footnote1">脚注 1</a> のように指定すればできる．

> **問 3.6** 次の HTML コードがウェブブラウザでどのように見えるかを考え，実際そうなっているかを確認せよ.
>
> ```
> 1  <dl>
> 2    <dt> <a href="https://www.google.com">google</a> </dt>
> 3    <dd> Googleの検索サイトである </dd>
> 4    <dt> <a href="https://www.yahoo.com">yahoo</a> </dt>
> 5    <dd> Yahooアメリカのウェブサイトである </dd>
> 6  </dl>
> ```

3.2.7　コメント

`<!--` と `-->` で囲んだ部分はコメントとなり，ウェブブラウザでは表示されなくなる．

```
1   <!-- コメント文 -->
```

コメントの中では文章もタグもいずれも無視される．コメントは，作成中のHTMLファイルの一部を消して動作を確認するのに便利である．つまり，HTMLファイルがウェブブラウザで意図したとおりに表示されないときに，どこに間違いがあるのかを調べるのに使える．

3.2.8　表

`<table>` タグを用いて表を HTML で記述できる．

```
1   <table>
2     <tr>
3       <th>A</th> <th>B</th> <th>C</th>
4     </tr>
5     <tr>
6       <td>1</td> <td>2</td> <td>3</td>
7     </tr>
8     <tr>
9       <td>4</td> <td>5</td> <td>6</td>
10    </tr>
11  </table>
```

上のコードは，下のように表示される．

A	B	C
1	2	3
4	5	6

表全体は `<table>`〜`</table>` で囲む．表の各行は `<tr>`〜`</tr>` で囲む．行内の各セルは `<td>`〜`</td>` で囲むが，表頭のセルは `<th>`〜`</th>` で囲む．表頭は記述しなくてもよい．

表に枠をつけたいときには `<table border="5" cellspacing="20" cell`

padding="10"> のようにすればよい．この場合，枠線の太さが 5 画素になり，
セル同士に 20 画素の間隔ができ，セル内に 20 画素の余白ができる．また，セ
ルのぶち抜き (合併) もできる．

```
 1  <table border="5" cellspacing="20" cellpadding="10">
 2    <tr>
 3      <td colspan="2">1</td>
 4      <td rowspan="2">2</td>
 5      <!-- <td>3</td> -->
 6    </tr>
 7    <tr>
 8      <td>4</td>
 9      <td>5</td>
10      <!-- <td>6</td> -->
11    </tr>
12  </table>
```

上のコードでは <td colspan="2"> のように指定して横方向にセルを 2 つぶ
ち抜き，<td rowspan="2"> のように指定して縦方向にセルを 2 つぶち抜いて
いるので，次のように表示される．

1	2
4	5	

3.2.9 画像

　画像は <img src="./images/xxx.jpg"> のようにしてウェブページ内に
挿入できる[5]．HTML ファイルにこのように記述して正しく画像を表示す
るためには，サーバ上に images ディレクトリを作り，その中に JPEG フ
ァイルを xxx.jpg の名前でアップロードしておく必要がある．src 属性は
./images/xxx.jpg のように画像ファイルを相対パスで指定することもできる
が，https://example.com/website/images/xxx.jpg のように完全な URL

---

[5] 画像のファイル名を日本語にすると文字コードの関係でうまくいかないことがあるので注意
すること．ファイル名は英数字を使うのが望ましい．大文字と小文字は区別されるので注意
すること．

を指定することもできる．自分のサーバ上の HTML ファイルへのリンクや**画像ファイル**のパスの指定では，相対パスで表記するのが好ましい．これは，自分の PC (ローカル環境) とサーバで HTML の記述を変えずに動作テストができるからである．相対パス表記にしておけば，ドメイン名が変更になってもトップページへのリンクのみ変更すれば後は問題なく動作する．ただし，他のウェブサイトへの参照は相対パスでは書けないので完全な URL で書く必要がある．

　画像ファイルのサイズを明示的に指定したい場合は，`<img src="./images/xxx.jpg" border="10" width="640" height="480">` のようにする．このとき，画像は縁取りが 10 画素で，横 640 画素，縦 480 画素となるように表示される．画像のサイズを指定する目的は，表示するサイズを固定することだけではない．通信環境によっては，画像の読み込みに時間がかかる．このようなとき，画像のサイズが指定されていないと，画像が読み込まれて初めてサイズが判明するので，画像が読み込まれる前と後とでページのレイアウトが変化してしまう．このような変化を防ぐためには最初から画像のサイズを指定しておくのがよい．

> **問 3.7** Python などでグラフを 4 つ作成して画像ファイルとして保存し，これを 2 × 2 の表の中に配置して表示する HTML コードを書け．ファイル名の大文字と小文字は区別されるので注意すること．拡張子も間違えないように気をつける必要がある (.jpg と.jpeg など)．画像の保存時に拡張子が隠されていることに気づかず.jpg をつけると im001.jpg.jpg など二重に拡張子がついていることがあるのでこれも注意すること．また，日本語のファイル名は避けた方が無難である．

3.3　CSS

　上述のように，HTML ファイルで画像や表のサイズ，枠線の太さ，余白の広さなどを指定できる．しかし，HTML ファイルでこれらを指定することは一般には推奨されない．その理由は 3 つある．

　第一に，HTML ファイルには文書の論理的構造のみを書き込み，見た目は書き込むべきではないとされているからである．次章で行うように，プログラムでウェブページを解読し，情報を抽出することがある．そのような場合には，ページの見た目が HTML ファイルの中に記述されていると邪魔なので，HTML ファイルには論理的な内容だけが書き込まれている方が都合がよい．そのため，

見た目は HTML ファイル以外のファイルで指定することになっている．

　第二に，HTML ファイルで直接見た目を制御すると，環境によって見た目を変えることができないからである．現代ではウェブページは PC だけでなく，タブレットやスマートフォンなどさまざまな環境で表示される．同じウェブサイトだからといって PC とスマートフォンで同じ文字サイズでは困る．そこで，(HTML では指定できない) 環境に合わせた表示方法を指定できる方法を使う必要がある．

　第三に，たとえば `<h2>` でタグづけされた見出しをすべて同じフォントサイズ・同じ色・同じ書体にしたい場合に，HTML で指定すると `<h2>` タグが出てくるたびに毎回同じ指定をしなければならない．これは煩雑だから，もっと便利な方法があった方がよい．

　CSS を使えばこれらの問題を解決できる．CSS ファイルはページの内容は記述せず，見た目だけを指定するものである．CSS ファイルには，環境に合わせて見た目を変更する手段が用意されている．また，CSS ファイルに「`<h2>` は全部このような見た目にする」という意味のコードを書いておけば，HTML ファイルには何も書かなくてもすべての `<h2>` の見出しの見た目を設定できる．

　CSS は HTML ファイルとは独立したファイルにして HTML ファイルから読み込むか，または HTML ファイルの中に埋め込んで使う．独立したファイルにする場合は，HTML ファイルの `head` 部の中で

```
1  <link rel="stylesheet" type="text/css" href="example.css">
```

のように読み込む．このとき，HTML ファイルと同じディレクトリに名前が example.css で内容が

```
1  body {
2    font-size: large;
3    color: blue;
4  }
5  p {
6    color: rgb(100, 255, 0);
7  }
```

のファイルを用意しておく．HTML ファイルの中に埋め込む場合は次のように
する．

```
1  <head>
2    <style type="text/css">
3      body {font-size: large; color: blue;}
4      p {color: rgb(100, 255, 0);}
5    </style>
6  </head>
```

　この 2 つの例はどちらもページを同じように装飾する．これらの例では，
HTML ファイルの body 部 (<body> から </body> の間) に書かれたものはす
べてフォントサイズが大きくなり，文字色は青になる．ただし，<p>〜</p>は
rgb(100, 255, 0) の色 (黄緑色) になる．

　CSS では何に対して装飾を適用するか (**セレクタ**) を最初に書き，次に波括弧で
囲んでフォントサイズや文字色など**プロパティ**と指定する値をコロン (:) で結ん
で書き，最後にセミコロン (;) を書く．波括弧内では複数のプロパティと値を設
定できる．font-size は文字サイズのプロパティであり，color は文字色のプロ
パティである．つまり，body {font-size: large; color: blue;} は body
要素全体のフォントサイズを大きく (通常の 1.2 倍に) し，文字色を青にすること
を意味している．色は RGB でも指定でき，p {color: rgb(100, 255, 0);}
のようにすれば段落要素の文字はすべて rgb(100, 255, 0) で表示される．段
落要素は body 要素に属しているが，body 要素の中でも段落要素に属するもの
は青ではなく rgb(100, 255, 0) で上書きされる．background-color は文
字の背景色のプロパティであり，font-weight は文字の太さのプロパティであ
る．background-image:url(images/xxx.jpg); のようにすれば背景を色で
塗りつぶすのではなく画像を敷き詰めることもできる．CSS ではファイルの所
在を指定するときは url(**パス**) のようにする．段落や画像の左寄せ・中央寄せ・
右寄せや，段落間の間隔も CSS で設定できる．

　上記の方式では，指定した要素については文書の中のすべての箇所に装飾が反
映される．しかし，特定の要素だけにプロパティを設定したい場合もある．こ
のようなときは，HTML ファイルで個別のタグに

```
1 <div id="mystyle1">黄色</div>
2 <span class="myclass1">太字 1</span>
3 <p class="myclass1">太字 2</span>
```

のように記述し，CSS で

```
1 #mystyle1 {color: yellow;}
2 .myclass1 {font-weight: bold;}
```

と記述すれば，これらの要素だけがそれぞれ黄色と太字になる．HTML ファイルの中で 1 箇所にしか出てこないスタイルは id で指定し (上の例の mystyle1)，複数回使い回すスタイルは class で指定する (上の例の myclass1)．CSS では **ID** は # を，**クラス**は . を頭につけて区別する．<div>〜</div> タグと 〜 タグはともに，特定の機能を持たない「入れ物」で，この例のように CSS で装飾をするのに使うのが主たる用途である．<div>〜</div> タグと 〜 タグの違いは，前者は段落のように前後に改行が入り，後者は改行が入らず文中に収まることである[6]．

　近年のウェブサイトでは画面サイズによって表示方法を変え，PC とスマートフォンでそれぞれに適した表示と操作が提供されていることが多い (**レスポンシブデザイン**)．これも CSS に画面サイズで分岐する処理を加えれば実現できる．たとえば，

```
1 @media screen and (max-width: 480px){
2   (スクリーン幅が 480画素以下のときの設定)
3 }
4 @media screen and (min-width: 481px){
5   (スクリーン幅が 481画素以上のときの設定)
6 }
```

のようにすればよい．

問 3.8 上の CSS ファイルを index.html と同じディレクトリに配置し，index.html で CSS ファイルの読み込みを行い，ウェブブラウザでの表示が変わることを確認せよ．

---

[6] display 属性を変えれば逆にもできる．

3.4　どの HTML ファイルが表示されるか

ウェブサーバでは特別な設定をしない限り，ウェブブラウザで URL にファイル名の指定をしなければ index.html または index.htm が表示される．このとき，index.html が存在しないと，サーバで公開されているディレクトリのファイルリストが丸見えになる場合がある．対策としては，

- 空の index.html を用意する
- .htaccess を使う

などがある．.htaccess ファイルは，ファイル名が指定されていないとき何を表示するべきか，またどのファイルは公開しどのファイルは公開しないか (アクセス制御) などを設定できる．ウェブサーバによっては.htaccess ファイル以外の方法で設定するので確認が必要である．

ディレクトリのファイルリストが見えてしまうと，公開すべきでないファイルの所在が明らかになってしまうことがあるので注意しなければならない．また，ディレクトリのファイルリストが見えなくても，ファイルのアップロードには細心の注意を要する．非公開にすべきファイルを類推可能なファイル名でアップロードすると，見られてしまう可能性がある．たとえば，"Press-release-2022-04-01.pdf" のような名前のファイルを情報解禁前にアップロードするのは危険である．

章 末 問 題

3-1 グーグル八分という言葉について調べ，説明せよ．また，あるウェブサイトがあえて検索エンジンに表示されないようにすることを選ぶ場合があるが，これはどのような場合か考察せよ．

3-2 自己紹介ページを index.html として作成し公開せよ．ただし，画像，表，リスト，区切り，見出しを使い，好きなウェブサイトへのリンク集を作成すること．(個人情報を公開しないよう注意．)

3-3 `<pre>` タグありとなしを比較せよ．

3-4 `<img>` タグと `<a>` タグを組み合わせて画像をクリックもしくはタップすると別のページに移動するようにせよ．

3-5 YouTube の動画，Twitter のツイート，Google マップはウェブサイトへの埋め込みができる．試してみよ．

第 **4** 章
スクレイピングと可視化

　ウェブ上で可視化されるデータの多くが，ウェブ上に公開されたデータを集計したものである．たとえば，各地の気温や，SNS のフォロワー数を集計したウェブサイトがある．これらはウェブ上でリアルタイムで更新されている情報である．これら以外にも，為替レートや商品の価格など，刻一刻変化する数値が公開されているサイトがある．このようなデータの時系列を分析するために，自動で収集したいことがある．このようなとき，手作業では手間がかかり，とても集めきれないことも多いので，プログラムで自動化したい．本章の目標は，ウェブ上の情報を自動で収集し，可視化することである．ウェブページを読み込み，要素を特定してその内容を取得する方法を学ぶ．

4.1　ウェブスクレイピング
4.1.1　ウェブスクレイピングとは

　さまざまなデータがウェブ上で日々公開・更新されている．たとえば気象情報は気象庁や民間の気象予報会社がリアルタイムで各地点の情報を提供している．河川の氾濫情報や災害情報も公的機関が随時提供している (図 4.1)．株価や株価指数も証券会社やニュースサイトから提供されている．SNS におけるフォロワー数・登録者数もリアルタイムで更新される．オンラインショッピングサイトや予約サイトでの価格も日々変動する．これらはいずれもリアルタイムで更新され，集積すれば時系列データになる．これらのデータをリアルタイムで収集し集計したり分析したりすることは，社会や自然について深く分析するために必須である．これらの時系列データは，データサイエンティストにとってはもっとも基本的なデータの 1 つである．

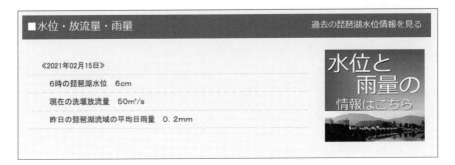

図 4.1 琵琶湖の水位・放流量・雨量

出所：国土交通省近畿地方整備局琵琶湖河川事務所ウェブサイト
`https://www.kkr.mlit.go.jp/biwako/index.php`

しかしこれらのデータは膨大で，手作業で集めるのは難しく，非効率である．そこで，自動的にデータを集めるプログラムを書くことになる．このようにウェブ上のデータを自動処理で集めることを**ウェブスクレイピング** (scraping) という[1]．

> **問 4.1** 上記の例以外で，スクレイピングすると有用なデータが得られるウェブサイトを挙げよ．

4.1.2 XPath

ウェブスクレイピングはどのようにすればできるだろうか？ ウェブページは HTML の文法に従って書かれた文書だから，この性質を利用できる．たとえば国土交通省の琵琶湖河川事務所のサイトの HTML ソースから一部を抽出 (説明に関係しない箇所は省略) すると，

```
1  <div id="idx-saigai" class="mt30">
2    <div>
3      <!-- 省略 -->
4    </div>
5    <ul class="mt30">
6      <li class="pdf"> &laquo;2021年02月15日&raquo;</li>
7      <li class="pdf">  ６時の琵琶湖水位 ６ｃｍ</l
```

---

[1] ウェブサイトによっては規約でスクレイピングを禁止している場合があるので調べること．

```
         i>
8     <li class="pdf">  現在の洗堰放流量 ５０ｍ&su
      p3;／ｓ</li>
9     <li class="pdf">  昨日の琵琶湖流域の平均日雨量 &ems
      p;０．２ｍｍ</li>
10    </ul>
11    <div><!-- 省略 --></div>
12    <div><!-- 省略 --></div>
13  </div>
```

のようになっている.

　ここで，琵琶湖の水位を自動的に抽出したいとしよう. この HTML ソース
を見ると, "ｃｍ"の前の数字を読み取るようなプログラムを書けばよいことが
わかる. ここでは水位と放流量と雨量の 3 つの数値しかないからよいが，もっ
と多くの数字が並んでいる場合には目的の数字を抽出するのは難しくなる. た
とえば，水位を抽出したいとして, 「ｃｍ」の前の数字を抽出すると, 「1ｃｍ/
秒」のような速度も抽出してしまう. しかし，もし HTML の構造に従って読み
取るならば，間違いない読み取りができる. つまり，この HTML ファイルの中
の 2 番目の <li class="pdf">〜</li> の中にある数字を持ってくればよい.

　より正確に位置を指定するために, HTML ファイルのタグの入れ子構造を利用
する. HTML ではタグの中にタグが入れ子になる (図4.2). たとえば図4.2では,
<html>〜</html> の中に <head>〜</head> と <body>〜</body> が入って
おり, <head>〜</head> の中には <title>〜</title> が, <body>〜</body>
の中には <h1>〜</h1> と <ul>〜</ul> が入っている. <ul>〜</ul> の中に
は <li>〜</li> が 3 つ入っている. これは木構造として表せる. したがって,
この木構造の中の位置で要素を指定し，その中の文字列を読み取るような仕組み
を使えばよいことになる. 琵琶湖河川事務所のサイトならば, <div>〜</div>
の中の<ul>〜</ul> の中の 2 番目の <li>〜</li> の中に水位が入っている.

　この木構造はファイルのディレクトリの木構造と類似している. ファイルの
位置を表すためには, ファイルを包含するディレクトリを順番に並べた文字列,
パスを使ったことを思い出そう. HTML の中の特定の要素の指定も同じ要領で
実現できる. たとえば図4.2では <h1> タグを表すために, /html/body/h1 と

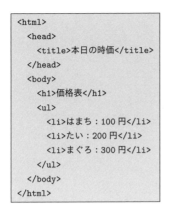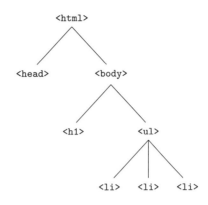

図 **4.2** HTML と対応する木構造

書ける．これを **XPath** とよぶ．言い換えれば，タグを外側から順番に並べた
ものが XPath である．

　ファイルの場合は同一のディレクトリに 2 つ同じ名前のファイルが入ること
はないので，ディレクトリ名を並べるだけで指定が可能だった．しかし，HTML
の場合は 1 つのタグの中に同じタグが 2 つ並ぶことがある．たとえば，図 4.2 で
は `<ul>` タグの中に `<li>` タグが 3 つあるので，`/html/body/ul/li` では 3 つ
のうちどれかがわからない．そこで，複数同じタグが並んでいる場合に，何番
目のものであるかを明示して，2 番目なら `/html/body/ul/li[2]` のように表
記する[2)]．

> **問 4.2** 上に例示した琵琶湖河川事務所のサイトの HTML で平均日雨量を含む `<li>`
> タグを指定する XPath を書け．ただし，`<div id="idx-saigai" class="mt30">`
> は `<body>` の直下にあるとする．

XPath を使って図 4.2 の HTML から特定のタグの中のテキストを読み取る
プログラムを Python で書こう．ここでは，HTML をリクエストして取得する
ために urllib ライブラリを，取得した HTML を読み取るために lxml ライブラ
リを使う．

```
1  from lxml import etree
2  from urllib import request
```

[2)] ほかの指定方法もある．

```
3
4  URL = 'https://www.gakujutsu.co.jp/text/isbn
       978-4-7806-0708-6/file/jika.html'
5  data = request.urlopen(URL).read()
6  page = etree.HTML(data)
7  ps = page.xpath('/html/xxx/xxx/xxx')
8  for item in ps:
9      print(item.text)
```

request.urlopen(URL) はウェブサーバに接続する．返されたオブジェクトについてメソッド read() を実行すると，レスポンスをすべて読み込む．etree.HTML(data) は HTML をパース (解読) して木構造を返す．page.xpath('/html/xxx/xxx/xxx') は木構造の中から XPath が /html/xxx/xxx/xxx である要素のリストを返す．このリストの各要素の中に入っているテキストは item.text で取得できる．

> **問4.3**　サポートサイトの https://www.gakujutsu.co.jp/text/isbn978-4-7806
> -0708-6/file/sushi1.php からはまちの現在の時価を含む要素のテキストを取り
> 出して表示するコードを書け[3]．

4.1.3　ウェブブラウザの開発ツールの機能：XPath の取得など

　現代のウェブサイトの HTML ファイルの構造は非常に複雑である．目的とする数値が数十個のタグの入れ子構造の中に入っていることも稀ではない．そのため，実際のウェブサイトで HTML ファイルを読んだ上で目的とする要素を指定する XPath を手作業で書き上げるのは大変である．しかし，ウェブブラウザの**開発ツール**を使えば，目的とする要素の XPath を簡単に取得できる．以下，Google Chrome について説明するが，ほかのウェブブラウザでも類似した機能が用意されている．まず，抽出したいテキストを選択して右クリック (macOS の場合はコントロールキーを押しながらクリック) し，メニューから「検証」を選ぶ．対応するソースコードが表示されるので，同じく右クリック

---

[3] 拡張子が html ではなく php になっているのは，HTML ファイルを生成する言語 PHP でページが作られているためである．このページはウェブブラウザでは通常の HTML ファイルと同じように表示されるが，読み込むタイミングによって表示される価格が変動するようになっている．

(コントロールキーを押しながらクリック) し，Copy から Copy XPath を選ぶ．
すると，XPath がコピーされるので，これをコードにペーストして使えばよい．
　なお，ウェブブラウザの開発ツールには要素の XPath を取得する機能だけで
はなく，ページの中で使われている (HTML や CSS や画像などすべての) ファ
イルの一覧を表示する機能，これらのファイルの読み込みにかかった時間を計
測する機能，JavaScript のデバッグ機能など，非常に多くの機能が含まれてい
る．これらの機能を活用すればウェブサイトの開発を効率よく進められる．

> **問 4.4**　開発ツールでウェブページの読み込みにかかった時間を調べよ．Google
> Chrome ならば，開発ツールの Network タブを開いてページをリロードすると各要
> 素の読み込みにかかった時間が表示される．

4.2　Python による文字列操作

　要素の中のテキストの抽出は前述のようにすればできるが，目的のためには
さらに処理が必要なことがある．たとえば，図 4.2 に示した HTML ファイルか
らはまちの値段を取得するためには「はまち：100 円」から，数字「100」を切
り出して数値に変換しなければならない．つまり，HTML から抽出された要素
には不要な文字が含まれているので，解析したり可視化したりするためには，文
字列操作によって数値の箇所のみを切り出した上で，数値型に変換する必要が
ある．そこで，ここでは文字列操作に必要な関数について述べる．

4.2.1　replace メソッド

　replace メソッドは文字列の置き換えを行う．a, b, c が文字列型であると
き，d = a.replace(b, c) で文字列 a の中の語句 b を語句 c に置き換えたも
のが d に代入される．たとえば，

```
1  a = 'Hello world'
2  b = 'world'
3  c = 'YouTube'
4  print(a)
5  d = a.replace(b,c)
6  print(d)
```

では Hello world と Hello YouTube が出力される.

> **問 4.5** 問 4.3 で作成したコードを編集し, replace を使ってサポートサイトの https://www.gakujutsu.co.jp/text/isbn978-4-7806-0708-6/file/sushi1.php から "はまち" の価格に対応する数字の箇所のみを取り出せ.「はまち：」のコロン (：) は全角なので注意すること.

4.2.2 split メソッド

replace メソッドを使って「はまち：」や「円」を空白に置き換えることではまちの値段を切り出せるが, 同じやり方ではたいやまぐろの値段は切り出せない. そこで, split メソッドも併用しよう. split メソッドは特定の区切り文字を使って, 文字をリストに分割する. a, b が文字列型であるとき, c = a.split(b) は b を区切りとして a を分割したものを c に代入する.

```
1 a = 'Four score and seven years ago'
2 b = ' '
3 c = a.split(b)
4 print(c[0])
5 print(c[1])
6 print(c[2])
7 print(c[3])
8 print(c[4])
9 print(c[5])
```

上のコードを実行すると, 次のように文字がスペースで分割される.

```
1 Four
2 score
3 and
4 seven
5 years
6 ago
```

b に複数の文字が入っている場合は, それらのどの文字も区切りと解釈される. また, b を指定せず, c = a.split() とすると, a をスペース・タブ・改行で区切ったリストが c に代入される.

> **問 4.6** split を使ってサポートサイトの https://www.gakujutsu.co.jp/text/ isbn978-4-7806-0708-6/file/sushi1.php のどの魚でも数字の箇所のみを取り出せるようにせよ.

4.2.3　型の変換

　文字列の中から数値部分を切り出しても,そのままでは計算はできない.これは,切り出された結果が**文字列型**で,**数値型**ではないからである.そこで,切り出した数字を含む文字列を数値型に変換する必要がある.Python の基本文法の復習になるが,数値型と文字列型の区別を理解しておこう.文字列を数値に変換するときには,整数ならば int,実数ならば float で数値型に変換する.計算やグラフ化のためには数値型に変換する必要がある.たとえば,次のコードでは 2 つの print 文の出力は異なる.

```
1 a = '100'
2 b = int(a)
3 print(a, a+'1')
4 print(b, b+1)
```

> **問 4.7**　それぞれ何が出力されるかを確認せよ.

4.3　動的なウェブサイトの取り扱い

4.3.1　JavaScript

　ここまで述べてきた方法で多くのウェブサイトから数値を取り出せる.しかし,このやり方では情報を取り出せないウェブサイトも多い.実は,ウェブブラウザの画面上では見えている要素が,Python でダウンロードした HTML ソースには含まれていない場合がある.このようなことが生じる原因の 1 つが,JavaScript である.

　ウェブサイトには,JavaScript で動的に生成されるものがある (JavaScript は第 6 章で詳しく説明する).JavaScript はプログラム言語の 1 つで,HTML を加工し,新たな要素を追加することができる.ウェブブラウザには JavaScript

のインタプリタが組み込まれており，ウェブページを表示すると，ウェブブラウザは HTML ファイルが指定する JavaScript のコードを読み込んで実行する．一方，単に Python で HTML をダウンロードしただけでは JavaScript のコードが実行されないため，読み込んだ HTML の構造が，ウェブブラウザ上で JavaScript が実行された後の HTML の構造とは異なってしまう．このような場合には，Python だけでウェブページに表示されているページのソースを手に入れるのは現実的でない．

4.3.2　Selenium による Google Chrome の操作

　この問題を回避するためには，ウェブブラウザを起動して，JavaScript コードを実行し，その結果できた HTML コードを取得すればよい．しかし手動でウェブブラウザを起動するのでは大規模なデータの収集はできない．そこで，以下では Python からウェブブラウザを制御する方法を説明する．

　ここでは Google Chrome を制御するために，Selenium と ChromeDriver をインストールする．Anaconda Prompt (コンソール) で，

```
1 pip install selenium
2 pip install chromedriver_binary==74.0.3729.6.0
```

のように実行すればインストールできる．最後の数字は，ChromeDriver のバージョンである．https://pypi.org/project/chromedriver-binary/#history を見て，自分がインストールしている Google Chrome のバージョンと一番左の小数点より左側の数字が同じものを指定する．

Selenium による Google Chrome の制御は以下のように行う．

```
1 from lxml import etree
2 from urllib import request
3 from selenium import webdriver
4
5 driver = webdriver.Chrome()
6 URL = 'https://www.rakuten-sec.co.jp/web/market/data/exchang
     e_top.html'
7 driver.get(URL)
8 data = driver.page_source
```

```
 9  page = etree.HTML(data)
10  ps = page.xpath(
11      '//*[@id="cFx"]/div[1]/div[1]/table/tbody/tr[1]/td')
12  for item in ps:
13      print(item.text)
```

`webdriver.Chrome()` で Google Chrome を起動している．`driver.get(URL)`
で指定した URL のページ (JavaScript による変更を含む) の HTML コードを取
得する．これによって得られる HTML コードは，`request.urlopen(URL).read()`
で得られるものと違って，Google Chrome の JavaScript インタプリタによっ
て変更された後の，私たちがウェブブラウザで目にするのと同じものである．こ
のページのソースを直接 `etree.HTML(data)` への入力にすれば，HTML コー
ドをパースできる．その後は前のコードと同様に HTML から目的のデータを抽
出すればよい．

Selenium にはウェブページの中の任意の要素をクリックしたり，スクリーン
ショットを取得したりする機能もある．人間によるウェブブラウザの操作がほ
ぼ Selenium で実現できる．つまり，ウェブブラウザで表示される情報の自動取
得が Selenium を使えばほぼ完全に実行できる．

問 4.8 HTML では `script` タグで JavaScript コードを読み込む．好きなウェブサ
イトの HTML ソースを読んで，`script` タグが何個使用されているかを調べよ．

問 4.9 サポートサイトの `https://www.gakujutsu.co.jp/text/isbn978-4-7806`
`-0708-6/file/sushi2.html` の現在の時価は urllib では正しく読み込めないこと
を確認し，Selenium を使って取得してみよ．

章 末 問 題

4-1 気象庁のウェブサイトで自分の住所の最寄りの観測地点における前日の気温を取得し，グラフ化するコードを書け．

4-2 ニュースサイトのトップニュースを抽出するコードを書け．

4-3 サポートサイトの `https://www.gakujutsu.co.jp/text/isbn978-4-7806-0708-6/file/sushi2.html` から 30 秒ごとに現在の時価を取得し，折れ線グラフとして表示するコードを書け．

第 **5** 章

データ処理の自動化

　ここまでの章では，データを可視化し，ウェブサイトで公開する方法を学んだ．Python と Matplotlib で可視化するならば，グラフを自動的に作ることができる．グラフを作るためのデータも，スクレイピングをすれば自動で集められる．しかし，グラフの画像ファイルをウェブサイトで公開するためには，ファイルをアップロードする必要があった．もしアップロードも自動化することができれば，完全に自動でデータを公開できることになる．そのために必要になるのが，サーバを操作する技術である．本章ではウェブサーバをはじめとするサーバを操作する技術を学ぶ．まず Windows PowerShell でのコマンドライン操作を学び，続いて FTP・SSH によるサーバの操作を学ぶ．

5.1　PowerShell によるシェル操作

5.1.1　GUI と CUI

　まず，**OS** (Operating System) と**アプリケーションソフトウェア** (アプリケーション) の違いについて復習しよう (本シリーズ『情報科学概論』参照)．ユーザが直接利用するウェブブラウザやワードプロセッサはアプリケーションである．OS はメモリ管理・デバイス管理・プロセス管理などを通じてアプリケーションが動作する環境を整備するソフトウェアである．すべてのアプリケーションに共通のユーザインタフェースを提供するのも OS の重要な役割である．

　ユーザインタフェースは **GUI** (Graphical User Interface) と **CUI** (Character User Interface) に大別される．現代では通常ユーザが使うのは GUI で，CUI の用途は限定されている．

　GUI ではユーザはマウスカーソルや指によるタッチで操作を指定する．ある

操作を途中まで進めてからウィンドウを切り替えて別の操作を実行することもできる．そのため，実行は並列的・同時進行的であり，非同期的である．GUIは直観的であり，コマンドを覚えなくてよいため，習得が容易なのが利点である．しかし，習熟している人からすると，操作に時間がかかる，定型処理の繰り返しに向かない，リモート操作に対応しない場合が多い，などの問題がある．

　CUIではユーザはキーボードでコマンドを入力する．入力の順にタスクが実行される．行いたい処理ごとにコマンドが決まっているためユーザは多数のコマンドを記憶する必要がある．そのため，CUIの問題は習得するのに時間がかかる．しかし，熟練者にとってはさまざまなタスクを効率的にこなせる，操作に曖昧性が少なく，間違いが生じにくい，などの利点がある．

　ファイルコピーのタスクについて少し具体的にGUIとCUIの違いを考えてみよう．GUIの場合，

1. Explorer のアイコンを選び，ウィンドウ A を開く．
2. ファイルリストから C ドライブを選ぶ．
3. ファイルリストから mydoc を選ぶ．
4. ファイルリストから DataVisualizationProgramming を選ぶ．
5. 再び Explorer のアイコンを選び，ウィンドウ B を開く．
6. ファイルリストから D ドライブを選ぶ．
7. ファイルリストから backup を選ぶ．
8. ファイルリストから lecture.doc を選ぶ．
9. lecture.doc をウィンドウ A から B にドラッグアンドドロップする．

のように，コピーという1つのタスクに多くの行動が含まれている．このような操作は煩雑で時間がかかり，GUIは自動化には向かない．

　一方 CUI では，Windows PowerShell の場合，

1. `cp C:¥mydoc¥DataVisualizationProgramming ¥lecture.doc D:¥backup` とタイプする．

だけである．このコマンドをファイルに保存しておけば，同じ操作を直ちに実行できる．また，スケジューラなどを使えば任意のタイミングで自動的に実行

することもできる．このように，自動化に適しているのは CUI である．

5.1.2　PowerShell による操作

以下，Windows PowerShell による CUI について説明する[1]．PowerShell はファイルの操作や別のプログラムの起動を行うためのプログラムであり，Windows の Explorer，macOS の Finder とおよそ同等の操作ができる．Unix 系 OS のサーバで広く使われている CUI (**シェル**) とも類似しているため，Unix サーバの操作を習得するための第一歩として学ぶのもよいだろう．ネットワーク越しにサーバに接続して (リモートログインという) 操作するときには GUI での操作は不可能なことが多く，必然的に CUI を使うことになる．GUI での操作が可能であっても，GUI では通信量が大きいため，遅延があることが多い．このような場合は CUI を選択するのが現実的である．

PowerShell を起動すると，

```
1  PS C:¥Users¥ユーザ名> _
```

と表示される (_ はカーソル位置を表す)．ここでコマンドをキーボードから入力し，エンターキーを押すとコマンドが実行され，結果が表示される．C:¥Users ¥ユーザ名 はカレントディレクトリがホームディレクトリであることを示している．> より前の部分を**プロンプト**とよぶ．

5.1.3　ファイル操作系コマンド ls, pwd, cd, mkdir, cp, mv, rm

ここで，ls というコマンドを入力すると

```
1  PS C:¥Users¥ユーザ名> ls
2
3
4     ディレクトリ: C:¥Users¥ユーザ名
5
6
7  Mode LastWriteTime Length Name
8  ---- ------------- ------ ----
```

---

[1] Windows の Command prompt でも可能だが，コマンドが微妙に異なる (→ p. 76).

```
 9  d-r--- 2020/06/18 14:55 3D Objects
10  d----- 2020/09/09 19:43 a
11  d-r--- 2020/06/18 14:55 Contacts
12  d-r--- 2020/06/18 14:57 Desktop
13  d-r--- 2020/06/18 14:55 Documents
14  d-r--- 2020/06/18 15:35 Downloads
15  d-r--- 2020/06/18 14:55 Favorites
16  d-r--- 2020/06/18 14:55 Links
17  d-r--- 2020/06/18 14:55 Music
18  d-r--- 2020/09/09 17:16 OneDrive
19  d-r--- 2020/06/18 14:55 Pictures
20  d-r--- 2020/06/18 14:55 Saved Games
21  d-r--- 2020/06/18 14:55 Searches
22  d-r--- 2020/06/18 14:55 Videos
23  -a---- 2020/09/09 20:12 11 b.txt
24
25  PS C:\Users\ユーザ名> _
```

のように表示が変化する．ls はディレクトリの中のファイルの一覧を出力する
コマンドである[2]．ls **ディレクトリのパス** と指定すると指定したパスのディレ
クトリの中のファイルの一覧を表示する．**ディレクトリのパス** を省略するとカレ
ントディレクトリの中のファイルの一覧を表示する．PowerShell を開いた時点
ではカレントディレクトリはホームディレクトリになっている．ファイルの一
覧の後に再びプロンプトが表示され，コマンドを入力可能な状態であることを
示している．

　一般に CUI のコマンドは数文字のアルファベットで構成される．コマンドの
後ろにスペースで区切って複数個のオプションを与えられる．オプションは通
常ハイフンの後ろにアルファベット 1 つ以上をつけたものである．たとえば，
ls -Hidden は ls コマンドに Hidden (隠しファイルも含めて表示) のオプショ
ンを与えたものである．これを実行すると，隠しファイルも含めたすべてのファ
イルが表示される．

　ls の出力は左から，ファイル属性，最終更新日時，ファイルサイズ，ファイ
ル名が並ぶ．

---

[2] Unix のシェルでは ls -l に対応する．

ファイルの属性はアルファベットまたは記号の組み合わせで表される. d ならばディレクトリであり, r ならば読み込み専用であり, h ならば隠しファイルである. 上の出力では, b.txt だけが通常のファイルで, 残りはすべてディレクトリである. ファイルサイズはバイト単位で表示される. 上の例では b.txt 以外はすべてディレクトリなので, ファイルサイズは表示されない.

コマンド pwd はカレントディレクトリの絶対パスを表示する.

```
1  PS C:¥Users¥ユーザ名> pwd
2
3  Path
4  ----
5  C:¥Users¥ユーザ名
```

のように表示される. 通常, ユーザのホームディレクトリは Windows では C:¥Users¥ユーザ名 である. Unix では /home/ユーザ名, macOS では /Users/ユーザ名 であり, パスは / で区切って表す. PowerShell でもパスを / で区切って表す記法を使うことも可能である.

コマンド cd **移動先ディレクトリのパス** はカレントディレクトリを変更する. パスは絶対パスでも相対パスでもよい. 実行すると,

```
1  PS C:¥Users¥ユーザ名> cd a
2  PS C:¥Users¥ユーザ名¥a> _
```

のようにプロンプトのカレントディレクトリの表示が変化する. ここで, cd .. を実行すると,

```
1  PS C:¥Users¥ユーザ名¥a> cd ..
2  PS C:¥Users¥ユーザ名> _
```

のように 1 つ上のディレクトリに移動できる (→ p. 17). ここで . はカレントディレクトリなので, cd . を実行しても何も変化しない. また ~ はホームディレクトリを意味するので, cd ~ と C:¥Users¥ユーザ名 は同じである.

ディレクトリを作成するには mkdir **ディレクトリ名** を使う.

```
1  PS C:¥Users¥ユーザ名> mkdir test
```

> **問 5.1**　PowerShell でホームディレクトリに移動し，test ディレクトリを新たに作成
> せよ．test ディレクトリの中に，ディレクトリ a，ディレクトリ b，ディレクトリ c
> を作成せよ．ディレクトリ a, b, c の下にそれぞれ空のファイル d.txt, e.txt, f.txt
> を作成せよ．なお，空のファイルは `New-Item -Type File` **ファイル名** で作成で
> きる[3]．できたかどうか `ls` コマンドと Explorer (macOS の場合は Finder) で確認
> すること．

`cp` **元ファイル コピー先ファイル** でファイルのコピーができる．`cp ~￥`
`public_html￥index.html .￥` でホームディレクトリ内の public_html の
中の index.html をカレントディレクトリにコピーする．`cp ~￥public_html`
`￥index.html .￥test.html` でこのファイルを test.html と名称変更してコ
ピーする．`cp ~￥public_html￥* .￥a￥` は public_html ディレクトリの中
のファイルをすべてディレクトリ a の下にコピーする (ディレクトリはコピーされ
ない)．ここで，* は**ワイルドカード**とよばれ，任意のファイルを意味する．`*.txt`
ならば拡張子が txt のファイルすべてを意味する．ワイルドカードはほかのコ
マンドでも使えて，`ls *.txt` で拡張子が.txt のファイルすべてが表示される．

`mv` **元ファイル 移動先** でファイルの移動ができる．`mv a￥index.html b￥`
は a ディレクトリの中の index.html を b ディレクトリの中に移動する．`mv`
`index.html test.html` は index.html を test.html に改名する．`mv a￥* b`
`￥` はディレクトリ a の中のファイルとディレクトリをまるごとディレクトリ b
の中に移動する．

`rm` **ファイル** でファイルを削除できる．ある文字列を含むファイル名のファイ
ルすべてを削除することもできる．たとえば，`rm te*` は te から始まるすべて
のファイルを削除する．また `rm *.html` は拡張子が.html のファイルをすべて
削除する．`rm *￥.html` は 1 階層下のディレクトリの全 HTML ファイルを
削除する．Explorer や Finder でファイルやディレクトリをゴミ箱に入れたの
と違って，復旧はできないので注意して実行する必要がある．

> **問 5.2**　`~￥test￥a￥`に`~￥test￥b￥e.txt` をコピーせよ．コピーしたファイルの
> 名前を test.html に変更せよ．test.html を同じディレクトリに test2.html として
> コピーせよ．最後に test.html を削除せよ．

---

[3] Unix や macOS では `touch` **ファイル名** を使う．

　テキストファイルに書き込まれたシェルの命令を実行することもできる．こ
れを**シェルスクリプト**とよぶ．PowerShell の場合，test.ps1 という名前でスク
リプトファイルを作り，以下のように書いてホームディレクトリに保存してみ
よう．

```
 1  #ホームディレクトリの testに移動
 2  cd ~¥test¥
 3  #ディレクトリを作成
 4  mkdir test3
 5  #ディレクトリに移動
 6  cd test3
 7  #ファイルを作成
 8  New-Item -type file index.html
 9  #メモ帳で編集
10  notepad index.html
```

このスクリプトを実行する前に，ホームディレクトリに test ディレクトリを作っ
ておく．PowerShell 上でホームディレクトリをカレントディレクトリにして

```
 1  .¥test.ps1
```

を実行すると[4]，test.ps1 の中身が実行され，メモ帳が開く．macOS など Unix の
ターミナルの場合は拡張子を.sh にして test.sh という名前にするが，`New-Item
-type file index.html` は `touch index.html` に書き換える必要があり，
`notepad index.html` は対応するコマンドがないので開くことはできない[5]．
このようなスクリプトを作成すれば，さまざまな処理を自動化できる．シェルス
クリプトはプログラム言語であり，変数やループや条件分岐を使って自動化す
ることもできる．なお，`mkdir a ; cd a` のようにコマンドをセミコロン; で
つなぐと 2 つのコマンドを 1 行で順に実行できる．

---

[4] セキュリティ上の理由からスクリプトの実行が無効になっている場合は，あらかじめ
`Set-ExecutionPolicy -ExecutionPolicy RemoteSigned -Scope Process` で実行ポ
リシーを変更しておく必要がある．

[5] Emacs などのエディタで開くことはできる．

5.1.4 シェルの操作

シェルを操作するとき，長い似たようなコマンドを何度も入力しなければならないことがある．このとき，上向き矢印キー (↑) で前に入力したコマンドをさかのぼって同じコマンドを表示するとよい．これをそのまま入力したり，一部を変更したものを入力したりできる．左右の矢印キーを押せばカーソル位置を動かせる．下向き矢印キー (↓) では後に入力したコマンドを表示できる．

ファイル名を入力中にタブ (Tab) キーを押すとファイル名を補完して表示できる．たとえば，`mv pub` まで入力してタブキーを押すと，カレントディレクトリの中では "pub" で始まるファイルあるいはディレクトリが "public_html" しかない場合には `mv public_html` が表示される．候補が複数ある場合は，タブキーを押すと次の候補が表示される．

コマンドを実行している途中でそのコマンドの実行をやめたくなったらコントロールキーと C を同時に押す．シェルにはほかにもさまざまな機能があるので，調べて憶えておくとよい．

5.2 Python によるリモートログイン

CUI の操作に慣れれば，サーバにデータを自動でアップロードするプログラムを書く準備が整ったことになる．以下では，Python でサーバに **SSH** 接続し，自動でサーバを操作したり，サーバにファイルをアップロードしたりしよう．SSH 接続にはそれに対応したサーバが必要である．SSH 接続は，主として Unix サーバを遠隔で操作するための仕組みである．Unix サーバのシェルを動かせるため，Windows の PowerShell と同様に，ファイルを操作したり，ソフトウェアを起動したりするなど，あらゆる操作ができる．レンタルサーバなどで SSH 接続が不可能な場合は，5.3 節の FTP 接続でファイルをアップロードする．FTP 接続ではファイルが転送できるだけであり，SSH 接続のような多様な操作はできない．

SSH 接続をしてファイルを転送するために，Paramiko ライブラリと scp ライブラリを Anaconda Prompt で

```
1  pip install paramiko
2  pip install scp
```

のようにインストールする. 以下では Paramiko でサーバにクライアントとし
て SSH 接続する機能を説明するが, Paramiko には SSH サーバとなって接続を
受ける機能もある.

Paramiko を使った SSH サーバの操作は次のように行う.

```
1  import paramiko
2
3  ssh = paramiko.SSHClient()
4  ssh.set_missing_host_key_policy(
5      paramiko.WarningPolicy())
6  ssh.connect('133.102.45.60', username='s5017xxx',
7              password='xxxxxxxx')
8
9  stdin, stdout, stderr = ssh.exec_command('ls')
10 for line in stdout:
11     print(line)
12 for line in stderr:
13     print(line)
14
15 ssh.close()
```

paramiko.SSHClient() は SSH のセッションを開く. SSH はサーバがなりす
ましでないことを確認するために**公開鍵暗号**を使う. サーバから公開鍵が送ら
れ, 接続のたびにこの公開鍵が以前のものと同一かどうかを確認する. Paramiko
では初回接続時に送られてきた公開鍵を信頼するかどうかのポリシーを決められ
る. ssh.set_missing_host_key_policy(paramiko.WarningPolicy()) は,
警告を出すが信頼して通信を続行するように設定する. ssh.connect でサーバ
にユーザ名とパスワードを指定してログインする. 第 1 引数のサーバはここで
は IP アドレスで指定しているが, ドメイン名で指定することもできる. コード
の中の 133.102.45.60 と s5017xxx と xxxxxxxx は適宜サーバのドメイン名
もしくは IP アドレス, ログインユーザ名, パスワードに置き換えれば自分の接
続したいサーバに接続できる. ssh.exec_command はシェルでコマンドを実行

した結果を受け取る. ここでは ls コマンドを実行している. Unix のシェルの ls コマンドは PowerShell の ls コマンドよりも出力が簡略で, ファイル名だけが表示される (詳細表示は ls -l で出る). 戻り値は Unix 系 OS のプログラムが持つ 3 つの入出力で, 順に**標準入力** (stdin), **標準出力** (stdout), **標準エラー** (stderr) である. 標準入力はコマンドへの入力であり, 標準出力はコマンドを PowerShell で実行したときに表示される出力であると思えばよい. 標準エラーは誤操作や予想外の事態が生じたときに出力されるエラーである. 標準出力と標準エラーは各行ごとに分けられてリストとして格納される.

```
stdin, stdout, stderr = client.exec_command(
    'cd ~/public_html/test/; ls -l')
```

のようにすれば複数のコマンドを連続実行できる. シェルで直接コマンドを実行するときとは異なり, Paramiko で ssh.exec_command を使ってコマンドを実行するときは, 標準出力や標準エラーは画面に表示されず, それぞれ stdout と stderr として受け取られる. このコードでは, 標準出力と標準エラーは print 文で出力することになる. ssh.close() はセッションを閉じている.

> **問 5.3**　テキストファイルの名前を入力すると, SSH でホームディレクトリ上のその名前のファイルの内容を表示するコードを書け. ここで, cat **ファイル名** は指定した名前のファイルの中身を標準出力とするコマンドである.

この問の一応の正解は

```
filename = input()
stdin, stdout, stderr = ssh.exec_command(
    'cat '+filename)
```

である. しかしこのコードには大きな問題がある. たとえばもし, このコードを実行したときに, "a.txt ; rm b.txt" のように入力したら何が起こるだろうか. この場合, cat a.txt ; rm b.txt が実行され, ファイル b.txt が削除されてしまう. このように, 製作者の意図していないコマンドを実行するサイバー攻撃をコマンド注入攻撃という. 言い換えれば, このコードには**コマンド注入攻撃**に対する脆弱性がある.

　コマンド注入攻撃が可能だったのは, セミコロン (;) で複数のコマンドが実

行できたからである．コマンド注入攻撃を防ぐためには，セミコロンの入った
入力は受け付けないようにする必要がある[6]．

問 5.4　コマンド注入攻撃への対策をしたコードを書け．

ファイル転送は scp で行う．scp は SSH 上で動作するので，元のコードに数
行追加するだけで実行可能である．

```python
1  import paramiko
2  import scp
3
4  ssh = paramiko.SSHClient()
5
6  ssh.set_missing_host_key_policy(
7      paramiko.WarningPolicy())
8  ssh.connect('133.102.45.60', username='s5017xxx',
9          password='xxxxxxxx')
10 scp = scp.SCPClient(ssh.get_transport())
11
12 scp.put('sample.jpg', '~/public_html/')
13
14 scp.close()
15 client.close()
```

scp.SCPClient(ssh.get_transport()) はトランスポート層 (通信のより低
レベルなレイヤー) のオブジェクトを得て，SCP のセッションを開く．scp.put
はクライアント (このコードを実行している PC) 上のカレントディレクトリ上に
あるファイル sample.jpg をサーバ上の public_html ディレクトリにコピーして
いる．逆にサーバからクライアントにファイルをコピーするためには scp.get
を使う．

問 5.5　Matplotlib で画像ファイルを作成し，ウェブサーバ上にコピーするコードを
書け．

---

[6] また，入力に > が含まれるとリダイレクトになり，予期せぬファイルが作られる可能性があ
る．そのため，> が含まれる場合も拒否すべきだろう．

5.3　FTP によるファイルコピー

前節ではファイルを SCP で転送したが，無料レンタルサーバでは SSH 接続を受け付けず，**FTP** でのファイル転送が必要な場合がある．ここでは，FTP でファイルの転送を行うために，パッケージ ftplib を使うことにしよう．FTP は本来，シェルのようにコマンドでディレクトリ内のファイルの一覧を取得したり，ファイルをアップロードしたりダウンロードしたりできるサービスである．たとえば，**CWD ディレクトリ名** は，PowerShell や Unix のシェルコマンドの **cd ディレクトリ名** に対応し，**LIST** は **ls** もしくは **ls -l** に対応し，**MKD ディレクトリ名** は **mkdir ディレクトリ名** に対応する．ftplib もこれらのコマンドを使ってサーバとファイルをやりとりする．以下は ftplib で現在サーバ上に存在するファイルのリストを表示するコードである．

```
1  from ftplib import FTP
2  ftp = FTP('ドメイン名', 'ユーザ名', 'パスワード')
3  #ここでコマンドを実行
4  ftp.cwd('/images')
5  ftp.retrlines('LIST')
6  ftp.quit()
```

FTP コマンドはサーバに FTP で接続する．ドメイン名とユーザ名とパスワードを正しく設定するように注意する．**cwd** はカレントディレクトリを変更する．ここでは/images ディレクトリに変更している．**retrlines** はファイルリストを取得する．ここでは LIST コマンドを使うことを指定している[7]．ほかに引数を指定しない場合にはファイルの一覧が画面に表示される．**quit** は接続を終了する．

カレントディレクトリを変更したりファイル一覧を表示したりするだけならばエラーが出ることは少ないが，FTP で操作をしようとするとエラーが出ることがある．たとえば，ディレクトリを作ろうとしたら同じ名前のディレクトリがすでに存在しているような場合にはエラーが発生する．このような場合に，プログラムの実行を中断せずに，エラーの発生だけを伝える必要がある．そこで，次のような関数を定義しておくと便利である．

---

[7] ファイル名だけを表示する ls に対応する NLST コマンドもある．

```
 1  def mkdir(f, dname):
 2      try:
 3          f.mkd(dname)
 4      except:
 5          print('maybe '+dname+' already exists')
 6
 7  def cpLtoS(f, src, target):
 8      try:
 9          with open(src, 'rb') as file:
10              f.storbinary('STOR '+target, file)
11      except:
12          print('cpLtoS failed:'+src+' '+target)
13
14  def cpStoL(f, src, target):
15      try:
16          with open(target, 'wb') as file:
17              f.retrbinary('RETR '+src, file.write)
18      except:
19          print('cpStoL failed:'+src+' '+target)
20
21  def mv(f, fr, to):
22      try:
23          f.rename(fr, to)
24      except:
25          print('maybe '+fr+' is missing or '+to+'exists')
26
27  def rm(f, fn):
28      try:
29          f.delete(fn)
30      except:
31          print('maybe '+fn+' is missing')
```

このコードの関数はすべて，第 1 引数にオブジェクト ftp を渡して使用する．
mkdir, mv, rm は同名のシェルコマンドと同じ機能である．cpLtoS, cpStoL
はそれぞれ，クライアントからサーバへ，サーバからクライアントへファイルを
転送する．これらの関数はすべて，ファイルが存在しない場合や同名のファイ
ルが存在する場合などのエラー (例外) が発生した場合に，メッセージを表示す

る．たとえば，mkd(dname) はディレクトリ名 dname のディレクトリを作成するが，すでに同じ名前のディレクトリが存在しているときには例外が発生する．mkdir はこのようなとき，このディレクトリがすでに存在していると表示し，以降の処理を続行する．storbinary と retrbinary はそれぞれファイルのアップロードとダウンロードを行う．これに対応する FTP のコマンドが STOR **サーバ上のファイル名** と RETR **サーバ上のファイル名** である[8]．それぞれ 2 番目の引数で自分の PC 上のファイルを指定する．cpLtoS はファイルのパスが存在しない場合，cpStoL はファイルがサーバ上に存在していない場合にエラーを出す．mv はファイル fr の名前を to に変える．rm はファイル fn を削除する．名前変更時に変更先のファイルが存在するとエラーが出るので，削除 (rm) してから名前を変える (mv)．たとえば，このコードの関数を使ってファイルを転送するには，以下のコードを p. 70 の ftp.quit() の前に挿入すればよい．

```
1  # アップロード
2  cpLtoS(ftp,'figure.png', '/images/figure.png')
3  # ダウンロード
4  cpStoL(ftp,'/images/figure.png', 'figure.png')
```

問 5.6　以下のコードを実行すると何が起こるか確認せよ．

```
1   from ftplib import FTP
2   import datetime
3   ftp = FTP('ドメイン名', 'ユーザ名', 'パスワード')
4   now = datetime.datetime.now()
5   dstr = now.strftime('%y%m%d_%H%M%S')
6   print(dstr)
7   ftp.cwd('/images')
8   mkdir(ftp, dstr)
9   ftp.retrlines('LIST')
10  #接続を終了
11  ftp.quit()
```

---

[8] コマンドとファイル名の間にはスペースが必要なので，コードでは 'STOR ' や 'RETR ' のようにスペースを忘れず入れる．

5.4　バックグラウンド動作

本節では本章のまとめとして，PC の CPU 使用率をウェブブラウザから確認できるツールを作成する．

5.4.1　CPU 使用率のモニタリング

CPU は常にフルパワーで動作しているのではない．PC で特に何も作業をしていないときには，CPU は idle (休止) 状態となり，消費電力を抑える．しかし，何もしていないように見えても OS やアプリケーションがさまざまな処理を行っていることもあり，CPU の使用率は起動中は 0 % にはならない．PC の CPU がどの程度使用されているか調べてみよう．Unix の top コマンド，Windows のタスクマネージャー，macOS のアクティビティモニタで確認してみるとよい (図 5.1)．

図 5.1　タスクマネージャー

問 5.7　PC の CPU 使用率を見よ．

サーバの CPU 使用率を確認することは，消費電力の見積もりや，業務上必要な処理に対してサーバが充足しているかどうかを知るために必要である．しかし，CPU 使用率を確認するために毎回リモートログインして top コマンドで

確認するのは面倒である．また，大規模な業務で使われるサーバは台数が多く，手作業で確認するのが非現実的なこともある．

　CPU の使用率だけでなく，メモリの使用率や筐体内の温度なども障害の発生に備えて記録しておきたいことがある．記録がグラフになっていれば把握しやすくなる．グラフが一定時間間隔でサーバに自動アップロードされれば，データのモニタリングはさらに容易になる．これはどうすればできるだろう？

　このような要求に応えるために，さまざまな遠隔監視ツールが開発されている．しかしここでは，既存のツールを使うのではなく，簡単な遠隔監視ツールを作ってみよう．Python で CPU の使用率を調べるには psutil ライブラリを使用する．

```
1  import psutil
2  cpup = psutil.cpu_percent(interval=1)
3  print(cpup)
```

関数 cpu_percent の引数は CPU 使用率を計算するための時間の長さ (秒) で，戻り値は CPU 使用率 (%) である．

問 5.8　1 秒間隔で 10 秒間の CPU 使用率をグラフ化して表示するコードを作成せよ．
　ヒント：リストを使ってデータを 10 秒間蓄積すること．リストは cpuUsage=[] で初期化でき，cpuUsage.append(xx) でリストの最後に要素 xx を追加できる．

問 5.9　上の問題のコードを変更し，グラフに CPU 使用率を計測開始時から計測終了までの間，1 秒ごとに随時グラフ化して表示せよ (途中結果を含めて 10 回表示する)．

問 5.10　上の問題のコードを変更し，グラフに過去 5 秒分のデータのみを表示するようにせよ (5 秒より前のデータは捨てる)．len(a) でリスト a の長さが取得でき，del x[0] でリスト x の 0 番目の要素が削除できる．

問 5.11　上の問題のコードを変更し，グラフを画面に表示するのではなく画像ファイルを出力するようにせよ．ループの先頭に plt.clf() を入れて，毎回 Matplotlib を初期化すること (連続で画像保存する場合，初期化しないとグラフが重ね書きされてしまう)．

5.4.2 連続的なデータの取得

ここまで作ってきたプログラムは，一連の処理をして終了するものだった．しかし，CPU 使用率は 10 秒間だけ計測して終わりではなく，連続的に計測し続けられる方が好ましい．連続的に計測し続けるためには，プログラムはバックグラウンドで動作し続ける必要がある．Jupyter Notebook は便利な道具だが，このようなプログラムを作る場合には限界がある．拡張子が .py のファイルを python コマンドで実行して**バックグラウンド動作**させることにしよう．

これから作るプログラムの動作概要は図 5.2 のとおりである．cpu.py が 1 秒ごとに CPU の使用率を計測してグラフ化する．upload.py は 30 秒ごとにこのグラフをウェブサーバにアップロードする．ユーザはウェブページで CPU の利用率を見られる．cpu.py も upload.py もバックグラウンドで動作する．

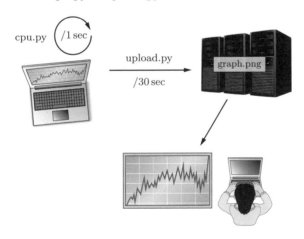

図 5.2 バックグラウンドタスク

前の問題のコードで `for i in range(10):` を `while True:` に変更し，データの蓄積範囲やグラフの表示範囲を 60 秒に変更する．このコードをテキストエディタに貼り付けて cpu.py という名前で保存する[9]．

Anaconda prompt で `cd` コマンドを使い，cpu.py の保存されているディレクトリに移動する．Windows の Anaconda prompt では，コマンドは Windows

---

[9] Jupyter Notebook のためのマジックコマンド `%matplotlib inline` は cpu.py には含めないこと．

の Command Prompt と同様になるため，PowerShell とはコマンドが一部異なる．以下に対応を示す．

PowerShell	Command Prompt
cd	cd
cp	copy
mv	move
ls	dir
mkdir	mkdir
rm	rm

Windows の Command prompt もしくは macOS の Terminal で

```
1  python cpu.py
```

と入力すれば cpu.py を実行できる．cpu.py はループが終了しないので，実行がいつまでも続く．強制的に停止させるには，コントロールキーを押しながら C を押せばよい．実行が終了し，プロンプトが出る．

　もしこのプログラムを本格的なサーバ監視に使うためには，OS を起動すると同時にこのプログラムが動作しはじめるように設定する必要がある．各 OS で，OS 起動時にプログラムを自動的に実行する方法が用意されている．興味のある読者は調べて試してみることをおすすめする．

問 5.12 upload.py を作成し，一連のプログラムを完成させよ．

ヒント：30 秒間処理を停止させるには，time ライブラリの **time.sleep(秒数)** を使う[10]．

---

[10] レンタルサーバに短い間隔で繰り返しファイルをアップロードすると不正利用とみなされてしばらくアップロードできなくなることがあるので注意すること．

章 末 問 題

5-1　PowerShell 上で test ディレクトリの中にディレクトリ a, ディレクトリ b, ディレクトリ c を作成せよ. また, ディレクトリ a, b, c の下にそれぞれ 空のファイル d, e, f を作成せよ. できたかどうか ls コマンドで確認すること.

5-2　Python で以下の順にコマンドを実行するコードを作成せよ. 1. サーバにログイン, 2. ディレクトリ ~/public_html/test/d/ を作成, 3. その中に空のファイル e.txt を作成, 4. ls -la コマンドで e.txt が作成されたことを確認.

5-3　サーバにログインしてホームディレクトリ上に年月日を 4 桁の西暦年, 2 桁の月, 2 桁の日を連結した 8 桁の数で表した名前を持つディレクトリを作成するコードを Python で書け.

5-4　任意のグラフを Matplotlib で作成し, サーバ上に自動転送するコードを書け.

5-5　YouTube の任意のチャンネルの登録者数の最新の値を 5 分ごとに取得し, グラフ化するコードを書け. ただし, 登録者が多く変化がわかりやすいチャンネルを対象とすること[11].

---

[11] スクレイピングでもこの課題は実行できるが, YouTube が提供している API (Application Programming Interface) を使う方がサーバ負荷の観点からは好ましい.

第 **6** 章

JavaScript の基本

前章までで，基本的なデータの収集と可視化の方法について学んだが，これらの方法はサービス提供者側 (サーバ) で可視化までのすべての処理が完了することを前提としたものである．すなわち，情報を利用するユーザ側 (クライアント) はそれを単に表示しているだけである．これに対して，たとえば検索結果を地図上に表示する情報検索サービスでは，ユーザの入力 (キーボード入力やマウス操作) に応じて表示をその場ですぐに変更することが求められ，前章までに説明した方法で対応することが難しい．ユーザの入力に応じて表示を即座に変更するためには，クライアントでの処理が必須となる．本章では，これまでのようなサーバでの可視化処理を行う代わりに，クライアントでの可視化処理を行うことで，ユーザ操作に応じて表示を即座に変更するインタラクティブな動作を実現する方法について学ぶ．

クライアントでの可視化を実現するためには，これまでとは異なり，スクレイピングなどによって得られた可視化処理前の生のデータをサーバから直接ダウンロードし，クライアント側でデータ処理を行うことが必要となる (図 6.1 参照)．クライアントでのデータ処理と可視化は，これまでテキストや画像の表示を行うために使用してきた HTML 内にプログラムコードを埋め込むことで実現できる．このようなクライアントのウェブブラウザ上で実行可能なプログラム言語として最も広く利用されているのが JavaScript である．以下ではまず JavaScript の基本を理解し，続いて JavaScript によるイベント駆動処理を学ぶ．これは後の章で学ぶ画像の描画や外部ライブラリの利用の基礎になる．

6.1 JavaScript とは何か

JavaScript はウェブブラウザ上で動作するプログラム言語 (**スクリプト言語**) である．プログラム言語なので，決まった画像やテキストを表示するだけの HTML とは違って，順次処理，条件分岐，繰り返し処理などによって柔軟な

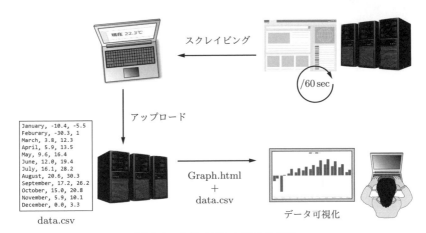

図 6.1 クライアント側での処理

動作を実現できる. 現在多くのウェブページで利用されており, 単にクリック
でページを移動する以上のことができるウェブページがあれば, それらはおよ
そ JavaScript で動いていると考えて差し支えない. 先に挙げた地図サービスや
ウェブメール, ウェブ上で使えるオフィスソフト (Office 365 や Google ドキュ
メント) も JavaScript で動いている. スマホ上で動作するゲームのなかには,
一見普通のプログラムでアプリとして動作しているように見えながら, 実際に
はウェブブラウザ上の JavaScript で動いているものもある.

　JavaScript の歴史は古く, インターネット黎明期の 1990 年代後半には利用
されはじめていた. ウェブブラウザ上で動作するプログラム言語・環境には,
JavaScript 以外に Java や Adobe Flash があったが, HTML と連携してウェブ
ブラウザのインタフェースの中に自然に組み込める特徴を持つ JavaScript が普
及し, 現在ではウェブブラウザ上で動作するプログラム言語としては JavaScript
以外はほとんど使われなくなっている.

　また, JavaScript は **Ajax** とよばれる技術を利用することによって, より高
度な機能を実現できる. Ajax は Asynchronous JavaScript ＋ XML の略で,
「ウェブブラウザ内で非同期通信を行いながらインターフェイス の構築を行う
プログラミング手法」[1]である. これを用いることで Google マップや Outlook

---

[1] 「Ajax」『フリー百科事典　ウィキペディア日本語版』より. 2020 年 4 月 21 日 (火) 6:22UTC
　　URL: `https://ja.wikipedia.org/wiki/Ajax`

などのように，ページを遷移することなく，PC 上で動作する一般的なアプリケーションプログラムのような動作をウェブブラウザ上で実現することができる．本書では Ajax については扱わないが，JavaScript の基礎を学んだ上で興味があれば，引き続き Ajax についても学ぶとよい．なお，JavaScript は文法がJava に似ているので JavaScript と名付けられたが，Java と直接関係のある言語ではなく，違いもそれなりにあるので注意が必要である．

6.2　JavaScript の基本文法

6.2.1　JavaScript の HTML への組み込み

　ここでは JavaScript の基本的な記述方法について説明する．ただし，他のプログラム言語と共通する基本的な概念 (変数，配列，関数，条件分岐など) についてはすでに理解しているものとして，他のプログラム言語と異なる点や，以降で学ぶ可視化処理のコード化に必要な点について特に説明する．

　JavaScript は HTML ファイル内に記述することができ，クライアントのウェブブラウザ上で動作する．まず最初に，次のコードを HTML ファイルとして保存し，ウェブブラウザでその HTML ファイルを開いてみよう．

```
1  <!DOCTYPE html>
2  <html lang="ja">
3    <head>
4      <meta charset="utf-8">
5      <title>JavaScriptのテスト</title>
6    </head>
7    <body>
8      <p>スクリプト 実行前</p>
9      <script>
10       document.write('<p>Hello JavaScript World!!</p>');
11     </script>
12     <p>スクリプト 実行後</p>
13   </body>
14  </html>
```

うまくいけば，ウェブブラウザに次のように表示される．

> スクリプト実行前
> Hello JavaScript World!!
> スクリプト実行後

　文字化けが起こる場合には，自分の環境に合わせて文字コードを`"shift_jis"`などに変更しよう．この HTML ファイルのなかで，`<script>` タグで囲まれた部分 (`<script>`〜`</script>`) が HTML に埋め込まれた JavaScript (以下では単にスクリプトとよぶ) であり，その前後はこれまでに学んだ標準的な HTML タグで構成されている．

　具体的な命令コードを確認する前に，まず以下に示す JavaScript の基本的なルールを理解しておこう．

- スクリプトは HTML 内の上の行から順に実行される．
- 改行・インデントや 2 つ目以降のスペースは無視される．
- 条件分岐や関数によって実行される範囲は，波括弧 {} によって囲まれたブロックで指定する．
- 各命令の最後に ; を付けることで，命令を区切る．
- 変数は使用する前に宣言することが必要である[2]．

　コードが上の行から順次実行されるのは，他の言語と同様である．改行やスペース，ブロックの扱い，セミコロン ; によって命令を区切る点や変数宣言が必要な点は，C/C++ や Java と同じであり Python とは異なる点である．

　それでは，`<script>` タグ内に記載されている命令コードを確認しよう．`document.write('xxx');` は HTML の中に文字列 "xxx" を書き出す関数である．先のコードでは書かれた文字列が HTML コード内にそのまま挿入されることになる．実際にウェブブラウザ上でスクリプトがどのように処理されたかを確認するために，HTML ファイルをウェブブラウザで開き，ソースの検証を行ってみよう．Google Chrome では，HTML ページを表示しておき，画面上で右クリックをすることで表示されるメニューから「検証」を選択すること

---

[2] 変数の宣言はしなくても動作する場合があるが，正しく動作することが保証されるわけではなく，またウェブブラウザによって挙動が異なることを避ける観点からも変数の宣言をすることが望ましい．

で Elements タブに以下のようなスクリプト実行後の HTML ファイルが表示される (タグが折りたたまれている場合は横向きの三角形をクリックして展開しよう).

```
1  <!DOCTYPE html>
2  <html lang="ja">
3    <head>
4      <meta charset="utf-8">
5      <title>Java scriptのテスト</title>
6    </head>
7    <body>
8      <p>スクリプト実行前</p>
9      <script>
10       document.write('<p>Hello JavaScript World!!</p>');
11     </script>
12     <p>Hello JavaScript World!!</p>
13     <p>スクリプト実行後</p>
14   </body>
15 </html>
```

元の HTML ファイルと比較すると, `<script>`タグの後に document.write 命令の引数に与えた文字列がそのまま挿入されていることがわかるだろう. このように, スクリプトを実行することで, HTML ファイルを動的に変更することが可能となる.

以降では, JavaScript における基本的な制御命令について説明していく. 掲載しているサンプルコードを上記の `<script>` タグの間に張り付け, 時には変数などを変更してみることで, 実行しながら内容を理解しよう. なお, コードを変更するなどした場合にうまく動かないときには, まずは問題の発生している箇所を特定することが重要である. コードが思いどおり実行されない場合には, 効率的な学習をするために, 先に「6.3 節 デバッグ方法」を参照してほしい.

6.2.2 var と let による変数の宣言

JavaScript では, 変数を使用する前に宣言をする必要がある. 変数宣言の書式は

```
1  var 変数名;
```

である．宣言の時点では型は指定せず，単に変数名だけを宣言しておく．変数
が数値，文字列のような，どの種類のデータを保持するのかは，変数に初めて
値を代入する際に決定される．

　なお，最近のウェブブラウザでは変数の宣言を行うもう1つの方法として let
が利用できる．書き方は同様に

```
1  let 変数名;
```

である．var による変数の宣言では，関数全体でその変数を利用できるが，let
を用いた場合には，{} で囲まれた範囲内 (ブロック) でのみその変数を使用する
ことができる．これによって，変数の有効範囲 (スコープ) をより厳密に管理で
きるようになり，同一名の変数の使いまわしで発生するタイプのバグを防ぐこ
とができる．まだ対応していないウェブブラウザもあるので var を以下では使
用するが，var は直感的でない挙動を示すことがあるので将来的には let を使
うことが推奨される．

6.2.3 変数の基本的な型

　ここでは基本となる3つの型である，**数値 (Number) 型**，**文字列 (String)
型**，**真偽値 (Boolean) 型**とその挙動について，スクリプトを動かしながら理解
しよう．まず，数値型を扱う次のコードをこれまでのコードの `<script>` タグ
の間に書き込んで実行してみよう．

```
1  var a, b, c;
2  a = 1;
3  b = 2;
4  c = a + b;
5  document.write(c);
```

このスクリプトでは，1行目で変数 a, b, c が宣言され，その後 a と b に数値
型である1と2が代入されている．c には数値型である a, b の和がやはり数値
型として格納され，最後に document.write 命令によって，引数である c の内

容，すなわち数字の "3" が出力される．なお，本書の後半では画像表示の色の
指定に 16 進数による数値表現を扱うが，16 進数は 0xFF (10 進数では 255) のよ
うに先頭に 0x をつけて書く[3]．

次に文字列型を扱うスクリプトを実行してみよう．文字列は " または ' で囲ん
で表す[4]．

```
1  var a, b, c;
2  a = '<p>テスト 1,';
3  b = 'テスト 2</p>';
4  c = a + b;
5  document.write(c);
```

数値のコードと同様に，1 行目で変数 a, b, c が宣言され，その後 a, b に文字
列がそれぞれ代入されている．c には文字列型である a, b を連結した文字列が
文字列型として格納されている．このように，文字列型を + でつなぐと文字列
が連結されたものが返される．その結果として，**テスト 1, テスト 2** がウェブブ
ラウザに表示されることを確認しよう．

なお，次の例のように変数の宣言と値の代入を同時に行うことも可能である．
また，数値型と文字列型を + でつなぐと数値型は自動的に文字列型に変換され，
連結される．

```
1  var a = '<p>テスト 1, ';
2  var b = 100;
3  var c = ', テスト 2</p>';
4  document.write(a+b+c);
```

この例では

> テスト 1, 100, テスト 2

が表示される．

真 (true)・**偽** (false) を表す真偽値 (Boolean) を保持する変数を作成するこ

---

[3] 16 進数の表記は 0xff のように小文字でもよい．

[4] JavaScript の文字列の中に HTML の文字列を含む場合やその逆の場合，区切り文字が同じだ
とそれらが混同されエラーとなる．HTML では " を使うのが一般的であるので JavaScript
では ' を使って区別するのがよい．

ともできる.

```
1  var a = 1;
2  var b = 2;
3  var c = a > b;
4  var d = a < b;
5  document.write(c + '<br>');
6  document.write(d + '<br>');
```

a>b は偽,a<b は真であるので,c, d にはそれぞれ真偽値である false, true が格納され,画面に表示される.真偽値は,後述する if 文の分岐条件に用いられる.分岐条件でよく使われる演算子として上記のほかにも <=, >=, ==, != がある.これらはそれぞれ,値が等しいか前の値が小さい場合 (<=),値が等しいか前の値が大きい場合 (>=),2 つの値が等しい場合 (==),2 つの値が異なる場合 (!=),に true を,そうでない場合に false を返す.

6.2.4　配列

複数のデータを保存するための配列を作成することもできる.基本となる空の配列の宣言は,次のように変数 (配列) を [] で初期化することで行う.

```
1  var 配列名 = [];
```

あらかじめ配列に格納するデータがわかっている場合には,

```
1  var a = ['さる', 'ごりら', 'ちんぱんじー'];
```

のように,[] 内にカンマ区切りでデータを列挙することで,データが保存された配列を作成することができる.配列の末尾にデータを追加する場合は,次のように 配列名.push を使う.

```
1  a.push('いぬ');
```

保存されたデータを先頭を 0 番とする番号 (インデックス値) によって呼び出したい場合には,**変数名 [インデックス値]** のように記述する.たとえば,以下のようにインデックス値 1 を指定して表示すれば,配列に格納された **ごりら** が表示される.

```
1 var a = ['さる', 'ごりら', 'ちんぱんじー'];
2 document.write(a[1]);
```

インデックス値には数値型の変数を使用できるので，後で説明する for ループを使って，配列に格納されたデータを次々に表示することもできる．

　単純なデータはデータが1次元的に配置されており，データの位置を示すインデックス値は1つだけである．しかし，Excel などの表計算のデータや画像データのように，2次元的にデータが配置されている場合には，2つのインデックス値を使ってデータの位置を指定する必要がある．このような2次元的に配置されたデータ配列を **2次元配列**，n 個のインデックス値でデータの位置を指定するものを n **次元配列** とよぶ．

　n 次元配列を作成するには，以下のように [] を入れ子にしてカンマで連結すればよい．

```
1 var a = [['さる', 'ごりら', 'ちんぱんじー'],
2         ['いぬ', 'きじ', 'さる']];
3 document.write(a[1][0]);
```

この例では，0行目に'さる'，'ごりら'，'ちんぱんじー'，1行目に'いぬ'，'きじ'，'さる'が入った表ができあがると考えてもよい．このとき，データの参照時には，**配列名 [行インデックス] [列インデックス]** のように，行，列の順にインデックスを指定することでデータを取り出すことができる．上記のスクリプトでは，1行目，0列目のデータである'いぬ'が取り出され表示される．

　大規模なデータを扱う場合には，**Array クラス** を使った配列の初期化が必要となる場合がある．本書ではこの使い方については触れないので，より詳しく知りたい場合は JavaScript の解説サイトなどを参照してほしい．

6.2.5　if 文

　JavaScript では，他の一般的なプログラム言語と同様に，**条件分岐**に if を用いる．if 文の基本的な構文は，以下のようになる．

```
1  if（真偽値）{
2      真偽値が真のときに実行される処理
3  } else {
4      真偽値が偽のときに実行される処理
5  }
```

分岐の判定に用いる真偽値として，すでに真偽値を持った変数を書き込んでもよいが，a > b, a == bのように，条件式をそのまま書き込むこともできる．また，真偽値が偽のときに実行されるスクリプトがない場合は，else 以下を省略してもよい．

たとえば，あらかじめ何らかの整数値が保存された変数 i が偶数か奇数か判定して結果を HTML 内に出力するコードは，以下のようになる．

```
1  if (i % 2 == 0) {
2    document.write('<p>' + i + 'は偶数</p>');
3  } else {
4    document.write('<p>' + i + 'は奇数</p>');
5  }
```

ここで % は，剰余を求める演算子であり，i % 2 == 0で i を 2 で割った余りが 0 と等しいかを判定している．条件が偽の場合に，さらに分岐をしたい場合には，次のように else if を使うことができる．これは，Python の elif と同じ意味である．

```
1  if (i % 3 == 0) {
2    document.write('<p>' + i + 'は 3で割り切れる</p>');
3  } else if (i % 3 == 1) {
4    document.write('<p>' + i + 'は 3で割ると 1余る</p>');
5  } else {
6    document.write('<p>' + i + 'は 3で割ると 2余る</p>');
7  }
```

なお，各条件下で実行される処理が 1 つの命令で記述できる場合には括弧は省略できるので，次のコードも同じである．

```
1  if (i % 3 == 0)
2    document.write('<p>' + i + 'は3で割り切れる</p>');
3  else if (i % 3 == 1)
4    document.write('<p>' + i + 'は3で割ると1余る</p>');
5  else
6    document.write('<p>' + i + 'は3で割ると2余る</p>');
```

問 6.1　i に任意の値を設定し，上記のコードで正しい結果が表示されることを確認せよ．

6.2.6　switch 文

switch 文を使えば，真偽値による分岐ではなく，変数の値による分岐を行うことができる．

```
1  switch (式) {
2    case 定数1:
3      式の評価結果が定数1と一致したときに実行される処理
4      break;
5    case 定数2:
6      式の評価結果が定数2と一致したときに実行される処理
7      break;
8    default:
9      どの定数とも一致しなかったときに実行される処理
10     break;
11 }
```

式 には変数や，変数を使った数式を使うことができる．分岐のための定数はいくつ用意してもかまわないが定数である必要があり，ここに変数を使うことはできない．break は，switch や後述する for，while の処理を中断する命令であり，switch では，case の定数ごとに，処理の後で break を呼ぶ必要がある．

先に示した if 文で剰余を求めるコードは，switch 文では以下のように書くことができる．

```
1  switch (i % 3) {
2    case 0:
3      document.write('<p>' + i + 'は 3 で割り切れる</p>');
4      break;
5    case 1:
6      document.write('<p>' + i + 'は 3 で割ると 1 余る</p>');
7      break;
8    default:
9      document.write('<p>' + i + 'は 3 で割ると 2 余る</p>');
10     break;
11 }
```

break をつけない場合には switch 文の外に処理が戻らず，そのまま次の case の処理が継続して行われるので注意が必要である．

問 6.2　i に任意の値を設定し，上記のコードで正しい結果が表示されることを確認せよ．

6.2.7　for 文

繰り返し処理に用いる for 文は，以下のように記述する．

```
1  for（初期化部; 継続条件式（真偽値）; 継続処理部）{
2      継続条件が真であるとき繰り返し実行される処理
3  }
```

初期化部は，for ループを実行する際に最初に 1 回のみ実行される．たとえば，var i = 0 のように記述することで，繰り返し回数を数えるための**カウンタ変数**の宣言と初期化を行う．継続条件式には，繰り返し処理が実行される条件式を i < 10 のように記入する．条件式が真である限り，処理が繰り返される．継続処理部は繰り返し処理が 1 回終わるごとに実行される．通常は，i++ のように書くことで，カウンタ変数を進めるために使用する．

以下のコードでは，変数 i をカウンタ変数として，i が 10 未満のとき i を 1 ずつ増加させながら (カウンタ変数で繰り返し回数を数えながら) 処理が繰り返される．

```
1  for (var i = 0; i < 10; i++) {
2    document.write('<p>' + i + '回目の処理</p>');
3  }
```

これによって，HTML 内に文字列が 10 回表示される．i の初期化部や継続条件式を変更して挙動を確かめてみよう．

　なお，for ループ内でよく用いられる制御文として，switch 文でも使用したbreak 文と，continue 文がある．for ループ内において break 文があると，継続条件式に関係なく for ループは中断される．次のコードでは，20 回処理が繰り返されるように見えるが，繰り返し処理の中で，i の 2 乗が 81 以上となった場合に即座に繰り返し処理が完了し，for ループを抜ける．

```
1  for (var i = 0; i < 20; i++) {
2    document.write('<p>' + i + '回目の処理</p>');
3    if (i * i >= 81)
4      break;
5  }
```

　一方 continue は，繰り返し処理の実行途中であってもそれ以降の for ブロック内の処理を無視し，for による繰り返し処理を継続する命令である．これを理解するために，次のコードを実行してみよう．

```
1  for (var i = 0; i < 20; i++) {
2    if (i % 5 != 0)
3      continue;
4    document.write('<p>' + i + '回目の処理</p>');
5  }
```

i を 5 で割った余りが 0 でないとき，それ以降の処理は無視され，繰り返し処理が継続される．すなわち，i が 5 の倍数のときのみ文字が表示される．

┃ **問 6.3**　1〜10 の数値の和を表示するコードを作成せよ．

6.2.8　while 文

while 文も，for 文同様に処理の繰り返しに用いられる．以下のように，while
文では for 文で用いる変数の初期化部と継続処理部が省略されており，継続条
件式の評価結果のみで処理の繰り返しの可否が判定される．

```
1  while (継続条件式 (真偽値)) {
2    継続条件が真であるとき繰り返し実行される処理
3  }
```

その他の挙動は for 文と同一であり，break や continue を使用することもで
きる．while 文は，特定の条件下にある限り継続的に処理を繰り返したい場合
に使用する．次の例を見てみよう．

```
1  var i = 100;
2  while (i >= 1) {
3    document.write('<p>' + i + '</p>');
4    i = i / 2;
5  }
```

この場合は，数値 100 を，繰り返しごとに 1/2 倍して表示しているが，数値が
1 未満となった場合には繰り返し処理が終了する．

6.2.9　論理積と論理和

if, for, while では，真偽値によって処理の分岐や反復を行う．ここで，複
数の条件によって処理の分岐や反復を行いたい場合には，真偽値に対する論理
積 (&&) と論理和 (||) を用いる．これは，Python における and と or と同じで
ある．次の例では if 文で，i が 3 の倍数かつ 5 の倍数であるかを論理積によっ
て判定している．

```
1  for (var i = 0; i < 100; i++) {
2    if (i % 3 == 0 && i % 5 == 0)
3      document.write('<p>' + i + '</p>');
4  }
```

このコードの && を || に置き換えれば，i が 3 の倍数または 5 の倍数であると
きに処理が実行される．

> **問 6.4**　上のコードを変更し，i が 5 の倍数または 7 の倍数であるときその数を表示
> するようにせよ．

6.2.10　関数

関数の定義は，function 命令によって次のように行う．

```
1 function 関数名 (引数 1, 引数 2, ...) {
2    関数内で実行する処理
3 }
```

他のプログラム言語と同様に，関数は使用する前にあらかじめ定義しておく必要がある．すなわち，その関数が呼び出されるより前に定義を行う．関数が呼び出されると引数が関数内に引き渡され，あらかじめ書き込んだ処理が実行される．実行した結果を戻り値として呼び出し元に返したい場合には，return 命令を使用する．return 命令を呼び出すと関数の実行は即座に終了し，関数内のその後のコードは実行されない．次の例では，2 つの引数の和を計算し，それを戻り値として返す関数 add を定義している．

```
1 function add(a, b) {
2    var c = a + b;
3    return c;
4 }
5
6 var d;
7 d = add(1, 2);
8 document.write('<p>' + d + '</p>');
```

コードの後半では，この関数 add を使って 1 と 2 の和を計算し，表示している．関数の定義は，その関数を呼び出す <script> タグ内である必要はない．定義した関数が，HTML 内の複数の <script> タグ内から呼び出される場合には，それらの関数を <head> タグの中に書き込んで定義しておくことが多い．

> **問 6.5**　引数 a を与えると，その絶対値 $|a|$ を返す関数 abs を作成し，−5 の絶対値を求めて表示せよ．

6.2.11　クラスとオブジェクト

　JavaScript は**オブジェクト指向**のプログラム言語であり，クラスを使用することができる．オブジェクト指向とは，データや処理を「オブジェクト」単位で扱う考え方である．変数や関数 (操作) は「オブジェクト」に属するものであるとし，個々のオブジェクトには固有の変数や関数が定義される．クラスとは，オブジェクト固有の変数 (**メンバ変数**) や関数 (**メソッド**) を定義しまとめたものである．

　クラスの宣言や初期化方法については本書では扱わないが，すでに使用した `document.write` 命令の `document` はクラスとして定義されたオブジェクトであり，今後利用するライブラリもオブジェクトとして扱うため，使用方法については知っておこう．

　`document` オブジェクトは，JavaScript によって HTML 内の要素の情報を読み取ったり操作するための関数を集めたものであり，特に意識することなく標準的に使用できるオブジェクトの 1 つである．このようなオブジェクトに属するメンバ変数やメソッドにアクセスするにはピリオド "." を使う．すなわち，`document` クラスの `write` メソッドにアクセスするのが `document.write` 命令である．

　各オブジェクトでどのような関数が使用できるかは，JavaScript の解説書やウェブ上の解説記事を参照してほしい．以下では，必要に応じて個別のオブジェクトの使用方法について紹介することにする．

6.2.12　ライブラリの読み込み

　自分で作成した関数やクラスを複数の HTML ファイルで使用したい場合や，他の人が作成し公開している関数やクラス (**ライブラリ**とよぶ) を読み込んで使用したい場合には，それらを別のファイルから HTML 内に取り込んで使用する．たとえば，いくつかの関数を `sample.js` という名前で保存した場合，以下のように記述することでそのファイルを HTML 内に取り込んで使用することができる．

```
1  <script type="text/javascript" src="./sample.js"></script>
```

6.2.13 コメント

あとでコードを見たときに中身をすぐに理解する (思い出す) ことや，バグの発生を抑えることを目的に，コード内にコメントを書いておくことが推奨される．JavaScript では，C/C++, Java と同じように，// または /* ... */ のように記述することで，1行/複数行のコメントをコード内に記載することができる．

```
1  // 1行コメント：この行は実行されない
2  /* 複数行にわたるコメント：
3     これらの記号の間に書いてあることは
4     コメントとみなされ実行されない  */
```

またコメントは，コードの一部を一時的に無効化してデバッグを行う目的でも使用される．

6.3 デバッグ方法

<script>タグ内でエラーが発生した場合には処理が中断され，期待する出力結果とならない場合がある．このようなエラーの原因の大半は，文法的な問題か，記述したアルゴリズムの問題である．一般的なプログラミング環境とは異なり，HTML 内に埋め込まれた JavaScript の実行時に問題が起こっても，そのままではウェブブラウザ上にはその問題 (エラー) は表示されないので，このようなエラーの検証には，ウェブブラウザの開発ツールを使用する必要がある．

Google Chrome の場合，エラーは次のように検証することができる．まず HTML の実行結果を確認したときと同じように，HTML を開いた上で，右クリックで表示されるメニューから「検証」を選択し，続いて「Console」を表示する．文法に問題がある場合には，ここでそれに対応するエラーメッセージが表示される．ここには，ソースファイルの何行目に問題があるのかも同時に表示されている．また，「Sources」からソースファイルを確認すれば問題のある箇所が強調表示される．

文法的なエラーはないのに想定した動作をしない場合には，console.log 関数を使うとよい．console は先に表示した「Console」への表示などの操作を行うためのオブジェクトであり，このメソッドである log 関数によって「Console」

に任意の変数や文字列を表示することができる．これは Python の `print` と同等であると考えればよい．たとえば，先のコードの `document.write('xxx')` を `console.log('xxx')` に置き換えれば，ウェブブラウザの画面上に表示されていた数値や文字がすべてコンソールに出力されるようになる．コードの適切な箇所にこれを挿入していけば，変数の値や分岐処理が想定どおりとなっているかを確認することができる．

　なお，ページが読み込み中のままとなりいつまでも表示されない場合には，`for` 文や `while` 文で無限ループが発生している可能性がある．その場合でも「Console」への出力は実行されるので，ループの中に `console.log` を書き込んで変数の値が設計どおり更新されているかを確認しよう．

章 末 問 題

6-1　1 から 30 の整数について，3 の倍数のときのみ「xx は 3 の倍数」と表示し，それ以外のときには，「xx は偶数」または「xx は奇数」のように，奇数・偶数を判定して表示するようにせよ．

6-2　$k = n^2$ とするとき，k が 2000 以下となる整数 n の最大値を while 文で探索し，結果を表示せよ．

6-3　引数に与えられた数字の階乗を計算して戻り値とする関数を作成した上で，その関数を使って 10 の階乗を求めて表示せよ．

6-4　配列に適当なデータ (たとえば $[1, 3, 7, 4, 3, 11]$) が格納されているとする．この配列内に重複したデータがあればそれを表示する関数を作成せよ．ただし，配列に格納されている要素の数は，たとえば配列名が dat のとき，dat.length で得られる．

6-5　引数に与えられた整数の最小素因数を返す関数 minFactor を作成せよ．

6-6　作成した関数 minFactor を使用して，任意の整数を素因数分解して表示するコードを作成せよ．

第 **7** 章
JavaScript におけるユーザ入力とデータ入出力

JavaScript でのプログラミング方法の基本を理解したところで，次はユーザの操作に応じたデータ処理を行う方法を学ぼう．本章では，まず**ユーザ入力**を処理する方法として，ダイアログを用いる方法，イベント駆動型処理による方法，HTML フォームを用いる方法，について説明する．続いて，JavaScript におけるデータファイルの扱いと読み込み方法，書き出し方法について説明する．

7.1　ダイアログによる入出力

ユーザからの入力を受け付ける簡単な方法の 1 つに短いメッセージを表示したり，何かを入力させるための小窓 (ダイアログ) を用いる方法がある．まずは次のコードを実行してみよう．

```
1  var name = prompt('あなたの名前を教えてください');
2  document.write('いらっしゃいませ' + name + 'さん');
```

これを実行すると，図 7.1 のようなダイアログが表示される．prompt 関数は，JavaScript の標準関数であり，引数の文字列をダイアログに表示し，ユーザが

図 7.1　ダイアログ

入力した文字列を戻り値として返す．これを用いれば，ユーザからの入力に応じたインタラクティブな動作が可能となる．

もう少し理解を深めるために，prompt を使った別の例も見てみよう．

```
1 var text = prompt('数字を入力してください');
2 var num = Number(text);
3 document.write('<hr>');
4 document.write(text + '1');
5 document.write('<hr>');
6 document.write(num + 1);
7 document.write('<hr>');
```

この例では，prompt の戻り値を，まず text に代入している．prompt の戻り値は文字列型なので，数字として扱いたい場合は Number 関数で数値型に変換する必要があり，変数 num には文字列 text を数値型に変換したものが代入される．これまで学んだとおり，たとえば入力が "12" であったとき，文字列の連結となる text + '1' は "121"，数値の和である num + 1 は "13"，として結果が表示される．

ダイアログを表示してユーザからの入力をさせる方法は prompt 以外にもある．corfirm 関数は，文字列入力の代わりに，図 7.2 のように，肯定または否定のための二択の確認ボタンを表示するものである．使い方は prompt と同様であるが，戻り値が文字列ではなく真偽値 (肯定: true，否定: false) となる．

```
1 var answer = confirm('本当によろしいのですか？');
2 if (answer == true) {
3   document.write('データを削除しました．');
4 } else {
5   document.write('キャンセルしました．');
6 }
```

この例では，理解のために if (answer == true) {} と明示的に書いたが，if (answer) {} と書いても同じである．なお，ユーザによる選択や入力を求めず，表示だけを行うダイアログを作成したい場合には，alert 関数を用いる．

問 7.1　ユーザに数値を入力させた上で，その数値の回数分何らかの文字列を表示するコードを作成せよ．

図 **7.2** 確認ダイアログ

7.2 イベント駆動処理

ダイアログを用いることで，比較的簡単にユーザからの入力を実現できるが，ユーザが入力を行うまではスクリプトの動作が停止し，ユーザが表示されたダイアログに応答するまではほかの操作ができなくなる．一方，ウェブブラウザ上でさまざまな操作をするときには，ユーザからの入力の順序によらず，並行してさまざまな機能を使えることが望ましい．これは第5章5.1.1項で見たように，GUI の並列的な操作が可能であるという特徴でもある．

ユーザにダイアログによる明示的な入力操作をさせずに，より柔軟にユーザからの入力を受け付けるために，ユーザからの入力のタイミングで処理を行うイベント駆動型処理を使う方法がある．何に対するどのような動作でイベント駆動型処理を行うかは，タグと属性の組み合わせで決められる．

7.2.1 タグへの埋め込みによるイベント駆動処理

イベント駆動型処理を理解するために，まず次の HTML コードをウェブブラウザで開いてみよう．

```
1  <!DOCTYPE html>
2  <html lang="ja">
3    <head>
4      <meta charset="utf-8">
5      <title>JavaScriptのテスト</title>
6      <script>
7        function event() {
8          alert('クリックしましたね?');
9        }
10     </script>
11   </head>
```

```
12    <body>
13      <p onClick="event()">click me!!</p>
14    </body>
15  </html>
```

この HTML ファイルを開くと，"click me!!" と表示される．この文字列をク
リックすると，ダイアログが出て「クリックしましたね?」と表示される．この
コードにおいて，<script> タグで定義されている関数 event は，これまで説
明した標準的な方法で定義した普通の関数である．この関数が何らかの方法で
呼び出されると alert 関数でメッセージが表示される．

　実際のイベント駆動型処理は <p> の開始タグに書かれた onClick 属性によっ
て実現されている．任意の開始タグに onClick 属性を追加すると，そのタグに
より表示された要素 (この場合は "click me!!") をクリックした際に，onClick
の後ろに =で連結された文字列が JavaScript のコードとして実行される．すな
わち，ここでは文字列がクリックされたときに event() が実行される．; で連
結して複数の命令を記載しておけば，1 つの命令だけでなく，複数の命令を実行
することも可能である．

　どのような要素でもイベント駆動処理を設定できる．イベントとしては，ク
リック (左クリック) 以外にもさまざまな入力を指定できる．たとえば右クリッ
ク (macOS の場合はコントロールキーを押しながらクリック) によるイベント
は，onContextMenu 属性を与えることによってその発生を捕らえることがで
きる．

```
1   <!DOCTYPE html>
2   <html lang="ja">
3     <head>
4       <meta charset="utf-8">
5       <title>JavaScriptのテスト</title>
6     </head>
7     <body onContextMenu="alert('右クリック禁止!!');return fals
        e;">
8       <p>right click!</p>
9     </body>
10  </html>
```

この例では `<body>` タグに属性を与えることで，表示されるページ全体に対するイベントを監視している．また，ここでは関数を呼び出す代わりに実行したいコードをそのまま書いている．イベント駆動処理において `return false;` としておけばウェブブラウザによる本来の処理はスキップされる．すなわち，右クリックメニューは表示されない．なおこのコードでは，onContextMenu 属性の指定に `"` を，alert 関数に与える文字列の指定に `'` を使用している．これは，この記号を同一としてしまうと，ウェブブラウザが `"alert("` という文字列であると解釈し，その後に続く文字列に対応できずにエラーとなるからである．

`<body>` タグの行を次のものに置き換えれば，コピー操作発生時のイベントを捉えてそれを阻止できる．

```
1  <body onCopy="alert('コピー禁止!!'); return false;">
```

これら，onClick, onContextMenu, onCopy 以外にも，マウス操作を検知したときのマウスイベント (onMouseMove, onMouseUp, onMouseDown)，キーボード操作を検知したときのキーボードイベント (onKeyDown, onKeyUp, onKeyPress)，ウインドウサイズの変更 (onResize)，スクロール (onScroll)，テキスト選択が生じたときのウインドウイベント (onSelect) など，さまざまなイベント検知用の属性が使用できる．

> **問 7.2**　「ひみつのページ」と表示し，「つ」を右クリックしたときに任意のページに移動するコードを作成せよ．ただし，ページの遷移はイベント駆動時に呼び出される関数内に `location.href="https://www.shiga-u.ac.jp";` のように書き込んでおけば実現できる．また，表示に影響しない `<span>` タグで「つ」を囲めばイベント駆動処理を埋め込むことができる．

7.2.2　イベントリスナによるイベント駆動処理

ここではイベント処理をタグに埋め込む以外の方法として，オブジェクトに特定のイベントの発生を監視させ，イベントに応じた処理関数を呼び出す「**イベントリスナ**」を登録する方法について説明する．イベントリスナを登録できるオブジェクトとしては，JavaScript において標準で使用可能な window オブジェクト，document オブジェクト，HTML フォームの部品のオブジェクト (次

節で説明する) などがある．書式は次のようになる．

```
1  オブジェクト名.addEventListener(イベント名，関数名);
```

指定するオブジェクトはイベントを検知する範囲に影響する．細かい違いを無視すれば，window オブジェクトまたは document オブジェクトにイベントを追加すると，どちらも同じように HTML ファイル全体に対するイベントが検知される．HTML フォームの部品にイベントを追加すると，その部品に対するイベントのみが検知される．

関数に与える引数は，第 1 引数が監視対象とするイベント名，第 2 引数が，そのイベントが発生した際に呼び出される関数名である．イベント名は，タグへの埋め込みのときに使用したイベント名から "on" を除いてすべて小文字にしたものである．たとえば，"onCopy" で検知していたイベント駆動処理を，イベントリスナを用いて実装するには，次のようなコードを実行すればよい．

```
1  function event() {
2    alert('右クリック禁止!!');
3  }
4  document.addEventListener('copy', event);
```

このような処理をもっと短く記述するために，**アロー関数**が利用されることがある．アロー関数とは，関数の定義を function で書く代わりに，記号 => で書く方法であり，上のコードは次のようになる．

```
1  document.addEventListener('copy',
2    ()=>{alert('右クリック禁止!!')});
```

本書の後半でも，アロー関数を使ってマウス処理を行う箇所がでてくる．この方法についての詳しい解説はしないが，基本的には function による関数の定義を短く書いていると理解すればよい．

7.3　HTML フォーム

ユーザが入力したさまざまな情報を使った処理を実現するためには，情報を入力するためのボタンや入力エリアを部品として HTML のページ内に設置して

おき，イベント駆動型処理で入力されたそれらの情報を処理する方法が用いられる．このような HTML のページ内に配置する部品群を **HTML フォーム**という (図 7.3)．HTML フォームは JavaScript と連携させることでさまざまな処理が可能である．

図 7.3 HTML フォーム

まず簡単な例から見てみよう．次の HTML コードを，任意の HTML ページ内の <body> タグ内に書き込んで，ウェブブラウザで表示してみよう．

```
1  <form name="fm">
2    <input type="text" name="t1">
3  </form>
```

HTML フォームは HTML 本来の機能であり，これ自体は JavaScript ではない．<body> タグ内に HTML の一部として記述し，他のさまざまな HTML タグと同時に使用する．<form> タグはボタンなどのさまざまなパーツをまとめて配置するフォームを作成する．<form> タグの内側に <input>，<select>，<textarea> タグを使って部品を配置する．その他の HTML タグもフォーム内に配置できる．

先の例では，<form> タグと <input> タグに，name="xxx" のように名前をつけている．この名前は，後で JavaScript から参照するために使用するので，

わかりやすい名前にしておくとよい.

<input> タグはテキストボックス，ボタン，チェックボックスなどを配置するために使用する．このタグに終了タグはない．どの種類の部品を設置するかは，type 属性に，text，button，checkbox，radio のいずれかを指定することで決定され，それぞれ**テキストボックス**，**ボタン**，**チェックボックス**，**ラジオボタン**になる．先のコードでは，type="text" としたので，テキストボックスが表示される.

基本的な記述方法がわかったところで，次のコードを見てみよう.

```
 1  <form name="fm">
 2    <h3>text</h3>
 3    <input type="text" name="t1">
 4    <h3>button</h3>
 5    <input type="button" value="押す" name="b1">
 6    <h3>checkbox</h3>
 7    <input type="checkbox" name="c1">彦根
 8    <input type="checkbox" name="c2" checked>那覇
 9    <h3>radio button</h3>
10    <input type="radio" name="r1" checked>気温
11    <input type="radio" name="r1">湿度
12  </form>
```

この HTML コードを実行すると，図 7.4 のようなフォームが表示される．こ

図 7.4 input タグの例

のコードでは，新たに value 属性と，checked 属性を使用している．value 属
性はテキストエリアがある部品に，指定されたテキストを表示する．テキスト
ボックスに与えると，入力されるテキストの初期値として表示される．チェッ
クボックスやラジオボタンでは checked 属性をつけておけばあらかじめ選択さ
れた状態になる．ここで，2つのラジオボタンでは name 属性で指定した名前が
同じであることに注目しよう．同じ名前を持つ複数のラジオボタンは，それら
のうち1つしかチェックできなくなる．

　今度は HTML フォームの部品に入力されたテキストを使ってイベント駆動型
処理で JavaScript を実行し，フォームの内容を読み取ったり，書き換えてみた
りすることにしよう．

```
1  <form name="fm">
2    <input type="text" name="t1">
3    と
4    <input type="text" name="t2">
5    を
6    <input type="button" value="足すと" name="b1"
7      onClick="f01()">
8    <input type="text" name="t3">
9  </form>
```

この HTML を表示すると，図 7.5 のようなフォームができる．コード内で定義
されるボタンには，イベント型駆動処理である onClick 属性が追加され，部品
がクリックされたときに関数 f01 が呼ばれるように設定されている．

図 7.5　足し算を行うフォーム

次に，関数 f01 を HTML の head 部に次のようにスクリプトとして定義しよう．

```
1  function f01() {
2    var a = Number(fm.t1.value);
3    var b = Number(fm.t2.value);
4    fm.t3.value = a + b;
5  }
```

これで，ボタンを押したときに足し算が実行されるようになる．JavaScript では，HTML フォームの部品に入力された値を document.**フォーム名**.**部品名**.value または **フォーム名**.**部品名**.value のように書くことで変数と同じように取得・変更できる (値は文字列型で与えられる)．

同様に，チェックボックスがチェックされているかどうかは document.**フォーム名**.**部品名**.checked または **フォーム名**.**部品名**.checked で参照できる (値は真偽値型で与えられる)．ラジオボタンの場合には，同じ名前を持つラジオボタンのうち m 番目がチェックされているかどうかを document.**フォーム名**.**部品名**[m].checked または **フォーム名**.**部品名**[m].checked で確認できる．

問 7.3 上のフォームにチェックボックスを追加し，チェックボックスがチェックされているときには引き算を行うようにせよ．

<select> タグは選択可能なリストを表示してユーザに選択させる部品である．<option> タグでリストの要素を追加する．<option> タグの value 属性は，JavaScript に引き渡される値である．<option>xxx</option> の "xxx" がリストに項目として追加される．次のコードをフォーム内に設置すれば，「10代」「20代」「30代」「40代」から選択できるリストが表示される．

```
1  <select name="s1">
2    <option value="10">10代</option>
3    <option value="20">20代</option>
4    <option value="30">30代</option>
5    <option value="40">40代</option>
6  </select>
```

リストから選択されたものは，JavaScript からは document.**フォーム名**.**部品名**.value または **フォーム名**.**部品名**.value で取得できる．取得される値は表示されている文字列ではなく，HTML ファイルで value 属性に与えた文字列であることに注意しよう．また，取得した値は文字型となるので注意が必要である．また逆に，option タグ内で記述した value の値を **フォーム名**.**部品名**.value に設定すれば，対応する項目が選択される．

<textarea> タグは長い文章を入力できる**テキストエリア**を作る．cols 属性で入力エリアの幅，rows 属性で高さを指定する．このタグには終了タグがあ

り，タグで囲まれた範囲は初期テキストとして表示される．値の参照方法と書き換え方は `<input>` タグで作成したテキストボックスと同じである．

```
1  <form name="fm">
2    <textarea cols="80" rows="20" name="txt1">
3      ここはテキストエリアです
4    </textarea>
5  </form>
```

問 7.4 テキストエリアとボタンを含むフォームを作成し，ボタンを押したときにテキストエリアの内容が `alert` で表示される HTML コードを書け．

7.4 データファイルの読み込みと書き出し

ユーザの入力に応じてデータを可視化するためには，まず処理対象となるデータを読み込まなければ始まらない．また処理結果やユーザが入力したデータを保存したい場合もあるだろう．第 1 章で見たように，データは CSV 形式で表現されることが多く扱いが容易であることから，本章でも CSV ファイルを扱うことにする．なお，JavaScript ではより複雑な構造のデータを記録できるフォーマットとして **JSON** (JavaScript Object Notation) がよく用いられている．興味があれば調べてみるとよいだろう．

7.4.1 データファイルの入出力の制約

CSV や JSON に限らず，JavaScript ではさまざまなファイルの読み書きが可能であるが，ファイルがサーバにあるのか，それともクライアントにあるのか，の違いによって，読み書き (入出力) に制限がかかっている．これは，悪意のあるサイト上にアップロードされた不正な JavaScript コードによって，ユーザの PC 上に保存されたファイルを勝手に読み出されることを防ぐための制限である．

JavaScript で標準的に可能なデータの入出力は以下のとおりである．

- データの入力
  - 同じサイトからのファイルの読み込み
  - ウェブブラウザのダイアログを介してのファイルの読み込み

◇ ウェブブラウザに一時的に保存されているデータの読み込み

● データの出力

◇ ウェブブラウザにデータを表示する

◇ ウェブブラウザからデータをダウンロードさせる

◇ ウェブブラウザに一時的にデータを保存しておく

一方，以下のことは禁止されており，実行できない．

● 他のサイトのファイルの読み込み

● ダイアログを使わないクライアント PC 上のファイルの読み込み

● サーバ上のファイルの直接編集

　これらの項目は，他サイトからの無断でのデータ取得や，セキュリティホールとなりうる不正な動作を防ぐことを目的に禁止されている．ただし，サーバの管理者が明示的に許可するか，ウェブブラウザの設定を変更することでセキュリティレベルの低下を許容することで，これらの動作を許可することもできる．

　標準的な方法によって JavaScript で CSV ファイルを直接読み込むためには，読み込みたい CSV ファイルをあらかじめ各自のサーバにアップロードしておいて読み込むか，ほかのサーバにアップロードしておいて読み込みを明示的に許可するか，のどちらかの方法をとる必要がある．前者の方法は標準で許可されているが，後者の方法は標準では許可されていない．これを許可するためには，サーバ側でファイルを公開するディレクトリに.htaccess ファイルを作成し，このファイルに **Header set Access-Control-Allow-Origin "X"** (X はアクセス元の IP アドレス) を書き込めばよい．たとえばすべてのサイトからのアクセスを許可するには，X に * と書けばよい．なお，このような設定の変更をしても，すでにアクセスしたことのあるデータはウェブブラウザのキャッシュに蓄積されており，サーバ上の変更がすぐには反映されない場合がある．後から.htaccess ファイルを作成/変更した場合には，設定を反映させるためにウェブブラウザの設定からキャッシュをクリアしておこう．

7.4.2　データファイルの読み込み

まず準備として，CSV ファイルを読み込むための関数 getCSV を定義しよう．

```
 1  function getCSV(file) {
 2    var hReq = new XMLHttpRequest();
 3    hReq.open('get', file, false);
 4    hReq.send();
 5    var lines = hReq.responseText.split('\n');
 6    var csvdata = new Array();
 7    for(var i = 0; i < lines.length; i++) {
 8      csvdata[i] = lines[i].split(',');
 9    }
10    return csvdata;
11  }
```

この関数は，引数にファイルの場所を URL 表記の文字列として与えると，そのファイルを読み込んで，2 次元配列としてデータを戻り値に返すものである．この関数内では，HTTP プロトコルによって任意のサーバとの通信を行う XMLHttpRequest オブジェクトを作成してから，指定した URL にあるファイルを取り込んでいる．その後，取り込まれたテキストファイル hReq.responseText を split 関数を使って，改行コード '\n' とデータの区切り記号 ',' でデータを分解し，配列に格納している．本書ではこの関数をツールとして使用するだけなので，この関数の中身を詳しく理解する必要はない．

では，サンプルとして用意した仮想データ[1]を使って，CSV ファイルを読み込んでデータを表示してみよう．次のコードは，getCSV 関数で，指定の URL から CSV ファイルを読み出し，あらかじめ決めておいた形式でデータを表示するものである．

```
 1  function f01() {
 2    var FILE = 'https://www.gakujutsu.co.jp/text/isbn
             978-4-7806-0708-6/file/testbook.csv';
 3    var result = getCSV(FILE);
 4    var str = '';
 5    str += 'この CSV には, ' + (result.length - 1) +
```

---

[1] なんちゃって個人情報 (http://kazina.com/dummy/) で自動生成したもの．

```
 6        ’行のデータが入っています．\n’;
 7   str += ’1行目のデータ: \n’;
 8   str += ’氏名: ’ + result[0][0];
 9   str += ’, 年齢: ’ + result[0][1];
10   str += ’, 電話番号: ’ + result[0][2] + ’\n’;
11   fm.txt1.value = str;
12 }
```

この関数では，最終行でフォームを使って "txt1" と名付けられた textarea に
データを表示するようにしてある．textarea 内での改行指定は改行コード ’\n’
で行うことに注意する (ここでは HTML タグは効かない)．

　実際にこのコードを動作させるためには，次のようなフォーム "fm" を作成し，
その中に関数を呼び出すためのボタンと "txt1" と名付けられた <textarea> を
設置しておく必要がある．ボタンにはイベント駆動処理である属性 (onClick)
によって，ボタンが押されたときに関数 f01() が呼ばれるよう記述してある．

```
 1 <form name="fm">
 2   <input type="button" value="CSV読み込み"
 3     onClick="f01()"><br>
 4   <textarea name="txt1" cols="80" rows="10">
 5   </textarea>
 6 </form>
```

ボタンを押せば，CSV ファイルが読み込まれ，1 件目のデータがテキストエリ
アに表示されるはずである．

> **問 7.5**　フォームにテキスト入力ボックスを追加し，ユーザが入力した番号のデータ
> のみが表示されるようコードを変更せよ．

> **問 7.6**　データベースに登録されたすべての人物の年齢について，最小，最大，平均
> を表示するコードを作成せよ．

> **問 7.7**　テキスト入力ボックスを追加し，指定した年齢範囲のユーザの情報のみが表
> 示がされるようにせよ．

7.4.3 データファイルの保存 (ダウンロード)

さまざまな処理結果を表示するだけでなく，ユーザにデータをファイルとして保存 (ダウンロード) させることもできる．データを保存するための関数として，次のコードを使用する．

```
1  function downloadText(name, content) {
2    var blob = new Blob([content], {'type': 'text/plain'});
3    var link = document.createElement('a');
4    link.href = URL.createObjectURL(blob);
5    link.download = name;
6    link.click();
7  }
```

downloadText(name, content) は文字列 content を格納したファイルを，ファイル名 name としてウェブブラウザ経由でダウンロードさせる関数である．getCSV と同様に，この関数はツールとして使用すればよいが，簡単に中身を説明する．この関数では，まず与えたテキストデータを格納した blob オブジェクトを生成している．続いて，HTML の `<a>` タグを使ってテキストデータ (blob) へのリンクを作成し，それを自動でクリックさせることでデータのダウンロードを実行する．

この関数を動かすために，次のコードを使ってフォーム内に新たなボタンを追加しよう．

```
1  <input type="button" value="ダウンロード"
2    onClick="downloadText('test.txt', 'testdata');">
```

このボタンを押すと "testdata" と書かれた test.txt という名前のファイルがダウンロードされる．

> **問 7.8**　前の問題で出力された textarea の中身 (出力結果) を Output.txt としてウェブブラウザ経由でダウンロードさせるボタンを作成し，動作を確認せよ．
>
> **問 7.9**　i 行 j 列目 (i, j はそれぞれ 1〜10 とする) に i^j が格納されたテキストデータを生成し，ファイル pow.csv としてダウンロードさせるボタンを作成せよ．CSV ファイルはカンマ区切りテキストなので，そのようなテキストを自動生成すればよい．

章 末 問 題

7-1　`<table>` と `<form>` を組み合わせて，下図のようなフォームを作成せよ．商品 1
と商品 2 の税別金額と個数を入力し，税率を選択して自動計算をクリックしたとき
に，その他の結果が正しく表示されるような JavaScript コードを作成せよ．ただし，
合計金額は小数点以下を切り捨てよ (`Math.floor` を調べて使ってみよう)．

商品名	税別金額		個数	税込金額	
商品1		円	1 ∨		円
商品2		円	1 ∨		円
合計			1 ∨		円

税率： ○5% ○8% ◉10%　[自動計算]

7-2　`https://www.gakujutsu.co.jp/text/isbn978-4-7806-0708-6/file/`
`oneyear.csv` を読み込んで解析し，指定された期間の平均値を表示するコード
を作成せよ．ただし，下の図のように，表示したい場所，項目，期間を選べ，結果
表示エリアには選択されたデータの平均値のみを表示すること．結果をテキストファ
イルとしてダウンロードさせるボタンも作成すること．

表示したい場所

☑彦根 ☑那覇 ☑網走

項目

☐日照時間 ☐降水量 ☑気温 ☐積雪量

期間

| 1 | 月〜 | 12 | 月 |

実行ボタン

[計算!]

結果表示エリア

彦根の平均気温は15.59℃
那覇の平均気温は23.40℃
網走の平均気温は7.19℃

ヒント：まず解析対象となる CSV ファイルを開いて何がどこに格納されているのかを確認する
必要がある．期間の選択には，CSV ファイルから月の情報を抽出する必要があるが，これには
文字列に使用できる `split` 関数を使い，区切り文字を "/" にすれば比較的簡単に取り出せる．

第 *8* 章

JavaScript による 2 次元画像の描画

　これまで，JavaScript による CSV ファイルの読み書きやフォームを使ったデータの入出力について学んだが，テキストで表示できる情報量は限られており，これによってデータの全体像を確認するのは難しい．第 1 章では Python で Matplotlib を使ってグラフを作成したが，ここでは JavaScript によって，ユーザの入力に応じて即座に画像を描画しウェブブラウザ上に表示 (可視化) する方法を学ぼう．

8.1　描画領域の設定

　JavaScript によって，ウェブブラウザに表示されるウェブページ上での画像の描画を実現するためには，まず HTML 内のどこに画像を描画するかを描画領域として指定する必要がある．このような，描画対象となる矩形領域を**キャンバス** (Canvas) とよぶ．キャンバスの位置やサイズは，HTML の `<body>` タグ内に `<canvas>` タグを使って指定する．使い方を以下のコードを例に説明する．

```
1  <canvas id="hcnv" width="1024" height="768"></canvas>
```

`id` 属性は，JavaScript から描画対象とするキャンバスを指定するために使用する名前であり，ほかの要素と同じにならない限り任意の名前を付けてよい．`width` 属性と `height` 属性は，キャンバスの矩形領域のサイズ (幅，高さ) を指定するためのものである．

　キャンバスの幅と高さは画素の単位で指定する．**画素 (ピクセル)** とは，画像を構成する最小単位である．図 8.1 に示すように，画像を拡大すると，1 つの色で塗りつぶされた正方形の小さなタイルの集合で画像が構成されていること

画素が多い＝解像度が高い　　　　画素が少ない＝解像度が低い

図 8.1　画像の解像度

がわかる．この 1 つのタイルを画素とよぶ．デジタル画像は，このような画素を規則正しく並べることで構成されている．ゲームでは，画素のことをドット (dot) とよぶので，ドットと言う方がなじみがあるかもしれない．

　画像の中の画素の位置を指定するときには，座標を使う．キャンバスに限らず，画像を扱う大半の場合では，画素の位置は左上を原点とする座標で指定する (図 8.2)．左から右に進むと 1 番目の数字が大きくなり，上から下に進むと 2 番目の数字が大きくなる．

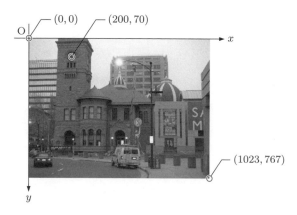

図 8.2　画像の座標

8.2　直線の描画

では，HTML 内に設置したキャンバスに JavaScript で描画してみよう．準
備として，同じ HTML 内に，クリックすると描画処理が実行されるボタンを作
成しておこう．

```
1  <form name="fm">
2    <input type="button" value="描画!" onclick="draw()">
3  </form>
```

この例では，フォーム内のボタンをクリックすることで，draw 関数が呼び出
される．では，実際に draw 関数を定義して実行してみよう．

```
1  function draw() {
2    var cvs = document.getElementById('hcnv');
3    var ctx = cvs.getContext('2d');
4    ctx.strokeStyle = 'rgb(0, 0, 0)';
5    ctx.beginPath();
6    ctx.moveTo(100, 100);
7    ctx.lineTo(150, 200);
8    ctx.lineTo(50, 200);
9    ctx.closePath();
10   ctx.stroke();
11 }
```

キャンバス上に黒い三角形が描画されただろうか．では，コードの中身を見て
いこう．最初の 2 行は描画を行うための前処理である．まず，getElementByID
関数で，引数で指定した ID を持つキャンバスのオブジェクトを取り出してい
る．次に，このキャンバス上に 2 次元描画を行うためのオブジェクトを取り出
し，ctx に格納している．これはキャンバスを使う場合の共通の処理である．こ
こからは取り出したオブジェクト ctx を使ってさまざまな描画処理を実行する．
　ctx.strokeStyle = 'rgb(0, 0, 0)'; はこれから描画する線の色を選択
している．色は，光の三原色である赤，緑，青の明るさ (明度) の混合によって
指定する．指定する値は 0 が最低値，255 が最高値の 256 段階 (8 bit) である．
rgb 関数では赤，緑，青の順に明度を指定する．ctx.strokeStyle = 'rgb(0,
0, 0)'; ならば，HTML での #000000 と同じで黒線になる．これをたとえば

`ctx.strokeStyle = 'rgb(255, 0, 0)';` に変えると明度が最大の赤になる.

続きの部分で線を描画している. ここでは, ペンとものさしを使って連続した直線[1]を描くことをイメージしよう. ペンの経路をパス (Path) とよび, まずは経路を指定する. 最初に, `ctx.beginPath();` で折れ線のパスの指定を開始する. `ctx.moveTo(100, 100);` で何も描かずにペンを座標 $(100, 100)$ に移動する. ここから, `ctx.lineTo(150, 200);` で $(150, 200)$ までの直線を引く. `ctx.lineTo(50, 200);` でさらに $(50, 200)$ まで直線を引く. `ctx.closePath();` はパスの始点と終点を直線でつないで閉じる. この場合, $(50, 200)$ から $(100, 100)$ まで直線が引かれる. ここまでの処理では実際に線は引いておらず, 折れ線のパスを指定しただけである. 最後に `ctx.stroke();` で実際にキャンバスに描き込む処理を行う.

▌問 8.1 キャンバスの原点, 右上の角, 左下の角を頂点とする青色の三角形を描画せよ.

破線を引きたい場合には, `beginPath()` の前にコマンド

```
1  ctx.setLineDash([a, b]);
```

を実行しておけばよい. ここで, a, b は, 破線上の線部分と空白部分の画素数を指定するものであり, この割合で線と空白が繰り返し描画される.

ここで, 1つの直線を引くために毎回 beginPath, moveTo, lineTo, stroke を連続して呼ぶのは煩雑であるので, 次のような直線を引くための関数を準備しよう.

```
1  function line(ctx, x1, y1, x2, y2, r, g, b) {
2    ctx.strokeStyle = 'rgb(' + r + ', ' + g + ', ' +
3      b + ')';
4    ctx.beginPath();
5    ctx.moveTo(x1, y1);
6    ctx.lineTo(x2, y2);
7    ctx.stroke();
8  }
```

この関数は, 座標 $(x1, y1)$ から $(x2, y2)$ まで RGB カラー (r, g, b) の直線を引

---

[1] 厳密には線分だが, 分野の慣例に従ってここでは直線とよぶ.

いてくれる．第 1 引数には，取得済みのキャンバスの 2 次元描画用のオブジェクトを与える必要がある．この関数を使って，先ほどのコードを書き直すと次のようになる．

```
1 function draw() {
2   var cvs = document.getElementById('hcnv');
3   var ctx = cvs.getContext('2d');
4   line(ctx, 100, 100, 150, 200, 0, 0, 0);
5   line(ctx, 150, 200, 50, 200, 0, 0, 0);
6   line(ctx, 50, 200, 100, 100, 0, 0, 0);
7 }
```

問 8.2 line 関数と for ループを使って，図 8.3 のような図形を描画せよ．
ヒント：この図形は $(x, 0)$ と $(0, K - x)$ を結ぶ多数の直線で構成されている．ここで，K は定数．

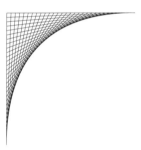

図 8.3 包絡線

8.3 矩形の描画

塗りつぶしなしで矩形 (四角形) を描くには ctx.strokeRect(x, y, w, h); を使う．左上の座標が (x, y)，幅 w，高さ h の矩形を描画する．第 3，第 4 引数は，座標ではなく矩形のサイズである点に注意しよう．色の指定方法は折れ線と同じである．

draw 関数の最後に以下のコードを追加して実行してみよう．

```
1 ctx.strokeStyle = 'rgb(0, 255, 0)';
2 ctx.strokeRect(100, 50, 200, 300);
```

　矩形を塗りつぶす場合には，`strokeRect` の代わりに `fillRect(x, y, w, h);` を使う．引数は `strokeRect` と同じだが中は塗りつぶされる．塗りつぶしの色は `ctx.fillStyle = 'rgb(0, 255, 0)';` のように指定する．

問 8.3　`strokeRect` 関数を使って，図 8.4 のような図形を描画せよ．

図 8.4　入れ子

問 8.4　`fillRect` 関数を使って，250×250 画素の領域に 25×25 画素の塗りつぶされた矩形を 100 枚敷き詰めよ．ただし，矩形の左上の座標が (x, y) であるとき，その矩形の色を `rgb(x, y, 0)` とすること．

8.4　文字列の描画

　`ctx.strokeText(str, x, y);` は座標 `(x, y)` に文字列 `str` を描画する．ただし，文字列の左下の位置が指定した座標となるように描画される．フォントサイズとフォントは `ctx.font = '16px serif';` のように指定する．

　次のコードを `draw` 関数に追加すれば，座標 $(90, 20)$ の位置に黒の明朝体で文字が表示される．

```
1  ctx.font = '16px serif';
2  ctx.strokeStyle = 'rgb(0, 0, 0)';
3  ctx.strokeText('テキスト表示のテスト', 90, 20);
```

　フォントは次の表のように指定することができる．

serif	明朝体
sans-serif	ゴシック体
monospace	等幅ゴシック体

8.5 グラフの描画

line 関数を使った応用として，グラフを描画してみよう．ここでは例として
サインカーブを描画する．まずは先に作成した draw 関数を以下のように変更し
て描画してみよう．

```
1  function draw() {
2    var cvs = document.getElementById('hcnv');
3    var ctx = cvs.getContext('2d');
4    var y0 = -1;
5    for (var x = 0; x < 1000; x++) {
6      var y1 = Math.sin(x / 100) * 100 + 150;
7      if (y0 != -1)
8        line(ctx, x - 1, y0, x, y1, 0, 255, 0);
9      y0 = y1;
10 }
```

このコードでは，for ループによって，x の値を 0 から 999 まで動かしなが
ら，x の値に対応するサインカーブの高さを Math.sin 関数によって算出し，調
整した上で変数 y1 に格納している．line 関数は，ループの初回では y0 が -1
であるため実行されないが，それ以降は毎回実行される．ループ内の最後の行
では，変数 y0 に，今回のループで算出した y1 の座標を保存している．2 回目
のループ処理以降では，前のループで描画した線の終点 (x - 1, y0) と新たに
算出した座標 (x, y1) をつなぐ線が描画される．これを x を増加させながら繰り
返すことによって，連続した曲線としてグラフを描画することができる．

任意のデータをグラフとして描画するためには，CSV ファイルなどからデー
タを読み込んだ上で，x 個目のデータに対応する画像上の高さ y1 を決定するよ
うコードを書きかえればよい．

問 8.5 グラフの原点を任意の位置 (たとえば (50, 300)) に移動せよ．

問 8.6 グラフの x 軸，y 軸を描画せよ．

問 8.7 原点の位置は変更せず，グラフを縦横 3 倍のサイズに拡大して表示せよ．

8.6　マウス操作に応じた描画

描画処理をイベント駆動処理と組み合わせることで，マウスの操作に応じた描画を行うこともできる．事前の準備として，まず <canvas> タグに，以下のようにマウスイベントをいくつか追加しておこう．

```
1  <canvas id="hcnv" width="1024" height="768"
2    onMouseMove="mouseMove()" onMouseDown="mouseB = 1"
3    onMouseUp="mouseB = 0"></canvas>
```

これによって，キャンバス上でマウスが動いたときに mouseMove 関数が呼び出される．またマウスのボタンを押したときと，放したときに，変数 mouseB の値がそれぞれ 1 と 0 となるよう設定している．ただし，この時点では変数 mouseB はまだ定義されておらず，後で作成することにする．

次に，マウスの動作状態を記憶する変数と，マウスがキャンバス上で動いたときに実行される mouseMove 関数を作成する．

```
1  var mouseX = 0, mouseY = 0, mouseB = 0;
2  var pmouseX = 0, pmouseY = 0;
3
4  function mouseMove() {
5    var cvs = document.getElementById('hcnv');
6    var ctx = cvs.getContext('2d');
7    var rect = cvs.getBoundingClientRect();
8    mouseX = event.pageX - rect.left;
9    mouseY = event.pageY - rect.top;
10   if (mouseB != 0)
11     line(ctx, pmouseX, pmouseY, mouseX, mouseY,
12         0, 255, 0);
13   pmouseX = mouseX;
14   pmouseY = mouseY;
15 }
```

ここではまず関数の外で変数を宣言することで，値を保持可能なグローバル変数として変数群を定義している．mouseMove 関数内では，これまでと同様の初期化処理を行った上で，ウェブブラウザ上でのキャンバスの情報 (ここではキャンバスの左上の位置の x, y 座標) を取得するためのオブジェクト rect を

取得している．次に，現在のマウスの座標値を mouseX, mouseY に格納している．ここでは，キャンバス上での描画位置を計算するために，HTML ページ上のマウスの座標 (event.pageX, event.pageY) から，ウェブブラウザ上でのキャンバスの左上の座標 (rect.left, rect.top) を減算している．マウスが押されている状態である場合には，mouseB が 1 となるので，line 関数が実行され，座標 (pmouseX, pmouseY) と (mouseX, mouseY) を結ぶ直線を描画する．(pmouseX, pmouseY) は，前回 mouseMove 関数が呼び出されたときに記憶されている (mouseX, mouseY) の値である．連続した直線を描画する方法の考え方は，先のサインカーブの描画のコードで y1 に直前の y 座標を記録して使用したものと同じである．

このコードとフォームを組み合わせれば，色や描画方法などを自由に変更可能なペイントツールを作成できる．なお，これまでに描かれた描画結果を消去したい場合には，以下のコードを使用する．

```
ctx.clearRect(0, 0, ctx.canvas.clientWidth,
    ctx.canvas.clientHeight);
```

章 末 問 題

8-1　第 7 章の章末問題 **7-2** の CSV ファイルを読み込み，JavaScript で 3 地点の気温
の変化を可視化して 1 年分のデータを比較できるようにせよ．下図のように，凡例も
描画し，チェックされた地点のデータのみを表示し，軸や平均値も表示するなど工夫
すること．

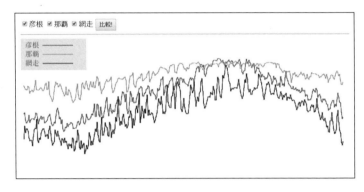

8-2　色と描画方法 (フリーハンド，直線，矩形など) をフォームから選択可能なペイン
トツールを作成せよ．

JavaScript による 3 次元画像の描画

　JavaScript では，ライブラリを使用することで，**3 次元 CG** (3D Computer Graphics: 3D-CG) の描画を行うこともできる．3 次元的なデータの可視化は，データを単に 3 次元のグラフで表示することなどに限らず，たとえば次章で説明するバーチャルリアリティ (VR) 型の情報提示に応用すれば，誰にでも理解しやすい直観的な情報提示を実現できる．本章では，まず 3 次元的な情報の可視化に必要な基礎知識について学んでいこう．

9.1　three.js による 3 次元 CG の描画

　ウェブブラウザ上で 3D-CG を描画するための標準規格として，**WebGL** がある．WebGL は，CG の黎明期から C/C++ などの言語において 3D-CG を描画するためのライブラリとして使用されてきた **OpenGL** を，ウェブブラウザ上でも動作するようにした派生版であり，さまざまな描画処理を実現できる一方で使いこなすためのハードルが高い．そこで本書では，より手軽に 3D-CG を扱えるライブラリである，three.js (`https://threejs.org/`) を用いて 3D-CG の描画について学んでいこう．なお，three.js 自体も内部では WebGL を使用しているが，WebGL を直接用いるよりも理解が容易であり，またさまざまな拡張機能が実装されている．three.js でどのような描画を実現できるかについては `https://threejs.org/` に多数のサンプルが用意されているので見てみることをおすすめする．3D を使った高度なゲームや可視化ツールが作れることがわかるだろう．

　three.js を使うメリットは簡便に WebGL を使えることにとどまらない．three.js は，**VR** との親和性も高く，作成したコードに少しの変更を加えた上

で，VR ゴーグル上のウェブブラウザでページを表示させるだけで，立体視や移動に対応した VR シーンを構築することも比較的容易である．

9.2　three.js による 3D-CG 描画の基礎

9.2.1　シーンとその構成要素

three.js では，3D-CG を描画するために，**シーン** (scene) とよばれる概念を使用する．シーンは 3 次元の場であり，そこには物体の **3D モデル**，**照明**，**カメラ**が配置される．2 次元平面上に自由に図形を描けばよい 2D-CG と違って，3D-CG を作るためにはさまざまな道具をシーン内に配置してやる必要がある．JavaScript において，これらのシーン，カメラ，光源，物体などは，すべて「オブジェクト」として変数に代入して使用する．これだけで十分なように思われるが，もう 1 つ，構築された 3D の世界をカメラによって撮影し JavaScript のキャンバス上に 2 次元画像として描画 (**レンダリング**) するための**レンダラー**も必要になる．レンダラーが違えば同じ物体・照明・カメラでも質感の違った映像になりうる．

図 9.1　シーンの構成要素 (3D モデル・照明・カメラ)

9.2.2　3D-CG 描画手順の概要

three.js での基本的な 3D-CG 描画の手順は次のとおりである．

1. シーン，物体，照明，カメラ，レンダラーを初期化する．
2. シーンに，物体，照明を追加する．

3. レンダリングループを定義し，ループの中でシーン情報の更新処理，レ
ンダラー，シーン，カメラによる画像描画処理を繰り返す．

ここで，物体，照明，カメラ，レンダラーの配置の変更や回転などのアニメー
ション処理は，レンダリングループの中で，個々のオブジェクトのパラメータ
を更新することで実現する．

なお，3D-CG を扱うためにはシーンを表現するための座標系について理解し
ておく必要がある．3 次元座標の原点と軸の方向は，シーン中にあらかじめ設
定されている**世界座標系** (world coordinate) を基準として使用する．3D の世
界なので，物体，照明，カメラの位置はこの世界座標系の 3 次元座標 (x, y, z)
で表される．物体の回転 (姿勢とよぶ) は x, y, z 軸まわりの回転で表現される
(他の方法もある)．

9.2.3 ライブラリの準備と読み込み

three.js を使うためには，準備が必要になる．まず，three.js の公式サイト
(`https://threejs.org/`) の download のメニューからライブラリをダウン
ロードしよう．ダウンロードが完了したら，ファイルを展開し，build ディレク
トリの中にある three.js をこれから編集する HTML ファイルと同じディレクト
リにコピーしておこう[1]．three.js のフルバージョンは数百 MB と大きいが，す
べてをダウンロードせずに試してみたい場合には，github のメニューからリン
ク先に飛び，build ディレクトリの中の three.js のみをダウンロードすればよい．

これまでと同様に，何も表示しない HTML ファイルのひな型があるもの
として，そこにコードを追加していくことにしよう．まず，HTML ファイル
の `<head>` タグ内に次のコードを追加して，外部ライブラリである three.js を
HTML から読み込むようにしよう．

```
1  <script src="three.js"></script>
```

---

[1] 本書では簡単のためこうするが，パスを適切に設定すれば同じディレクトリに置く必要はな
い．

9.2.4 初期化処理

ここからは，three.js による 3D-CG 描画の第一歩として，回転する立方体を表示するコードを `<body>` タグ内に作成してみよう．

```
1  <script>
2    var scene = new THREE.Scene();
3    var camera = new THREE.PerspectiveCamera(70, 1000/500,
4        0.1, 10000);
5    var renderer = new THREE.WebGLRenderer();
6    var light = new THREE.DirectionalLight(0xffffff);
7    renderer.setSize(1000, 500);
8    document.body.appendChild(renderer.domElement);
9    light.position.set(1, 1, 1);
10   scene.add(light);
11   camera.position.set(0, 0, 1000);
12   // 挿入箇所 1
13 </script>
```

このコードでは，最初の 4 行でシーン，カメラ，レンダラー，光源を作成し，オブジェクトとして変数に代入している．次の行では，レンダラーを使って，three.js が使うキャンバスのサイズを 1000×500 画素に設定している．`document.body.appendChild(renderer.domElement);` はレンダラーを HTML の要素内に配置している．`light.position.set(1, 1, 1);` は光源の位置を設定し，`scene.add(light);` はこれをシーンに追加している．`camera.position.set(0, 0, 1000);` はカメラの位置を設定している．これはカメラを $(0, 0, 1000)$ の位置に移動させている．

世界座標系は，初期状態では，画面上の左から右に x の値が大きく，下から上に y の値が大きく，奥から手前に z の値が大きくなるよう設定されている[2]．したがって，この例では，世界座標の原点はカメラから奥に 1000 離れたところに設定されることになる．ここまでで，シーンには光源が追加され，カメラの配置も決定したが，今のところではまだ物体は何も配置していない．この状態で実行すると，黒い枠 (キャンバス) だけが表示されることを確認しておこう．

---

[2] y 軸の向きが 2 次元画像の場合と逆なので注意すること

9.2.5 立方体の作成

ここでは物体として立方体を作成し，シーンに追加する．前のコードの **//挿入箇所** 1 のところに次の 4 行を挿入しよう．

```
1  var geometry = new THREE.BoxGeometry(100, 100, 100);
2  var material = new THREE.MeshStandardMaterial(
3     {color: 0xffffff});
4  var cube = new THREE.Mesh(geometry, material);
5  scene.add(cube);
```

物体を作成するには，**形状** (geometry) と**素材** (material) を決め，そこから**メッシュ** (頂点を三角形でつないだもの) を生成する．これらの要素については後で詳しく説明する．最後に，光源の場合と同じように，シーンに作成した立方体 (cube) を追加する．なお，ここでは物体の位置は指定していないが，初期位置は世界座標系の原点となる．

9.2.6 レンダリングループ

最後にレンダリングループを作成する．レンダリングループは，一定時間ごと (たとえば 1/60 秒ごと) に繰り返し呼び出される画像描画のためのループ処理関数である．先ほどのコードの後に，次のコードを挿入しておこう．

```
1  function draw() {
2    requestAnimationFrame(draw);
3    cube.rotation.x += 0.01;
4    cube.rotation.y += 0.01;
5    renderer.render(scene, camera);
6  }
7  draw();
```

ここではレンダリングループとして，draw 関数を定義している．draw 関数内の 1 行目は，描画処理終了後に再度 draw 関数を呼び出すための予約処理を行っている．2 行目と 3 行目は，立方体の姿勢を変更している．この方法についても後で詳しく説明する．最後の行は，レンダラーにシーンとカメラを与えて実際に描画処理を行わせている．あらかじめカメラやシーンを複数準備しておけば，条件分岐によって異なるシーンやカメラの組み合わせで 3D-CG の描画を

行うこともできる.

▎**問 9.1** ウェブブラウザ上で回転する立方体が描画されるか確認せよ.

ここまでで，立方体が回転する簡単なサンプルコードを動かしたが，個々の
オブジェクトのパラメータを調整することで，独自のシーンを創ることができ
る．以降では，個々のパラメータの調整方法について説明する.

9.3　光源の作成と設定

光源には，**平行光源**，**点光源**，**環境光**の 3 種類がある．これらの光源は，単
体で利用するだけでなく，それぞれを複数作成してシーンに追加してもかまわ
ない．これらの光源の性質と設定方法について説明する.

9.3.1　平行光源 DirectionalLight

太陽のように無限に離れた遠方にあるとみなせる光源を再現するものが平行
光源である．光源が無限遠にあるので，光線はすべて平行になる (図 9.2(a))．
言い換えれば，物体の場所に関係なく面の方向だけで明るさが決まる.

平行光源をオブジェクトとして作成するためには，ライブラリの関数
THREE.DirectionalLight を使用する．関数 DirectionalLight の引数は
16 進数の RGB 形式で光の色を表したものであり，白色光は 0xffffff である．
光の差し込む方向は，作成したオブジェクト (ここでは，light とする) を使っ
て，light.position.set(x, y, z); のように指定する．このように指定す
ることで，(x, y, z) 方向の無限遠に光源位置が設定される.

▎**問 9.2** コードを変更して平行光源の色を紫色にせよ.

9.3.2　点光源 PointLight

点光源とは指定した座標 (点) から放射状に広がる光源を表現するものである
(図 9.2(b))．平行光源とは異なり，光源から距離が離れると光の強さが減衰す
る．また，物体の位置が動けば物体が照らされる箇所も変化する.

点光源は，関数 THREE.PointLight で作成できる．引数は順に，点光源の色，

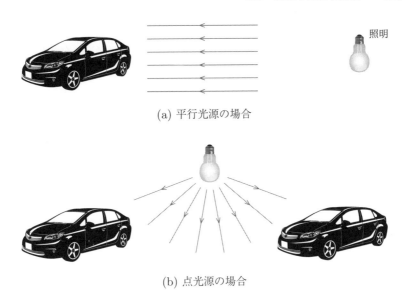

(a) 平行光源の場合

(b) 点光源の場合

図 9.2　平行光源と点光源

光の強さ，最大到達距離，光の減衰率である．

次のコードで新たに点光源を作成してシーンに追加してみよう．

```
1  var light2 = new THREE.PointLight(0x00ff00, 2, 3000, 1.0);
2  light2.position.set(0, 2000, 0);
3  scene.add(light2);
```

このコードでは緑の点光源を作成しており，その明るさは 2，最大到達距離 3000，光の減衰率 1.0 としている．位置は座標 (0, 2000, 0) としたので，最初のコードに追加すれば，物体の真上に光源が設定されることになる．position.set は DirectionalLight と PointLight で引数の意味合いが全く違うので注意する必要がある．

問 9.3　白色の点光源を物体の下側に追加せよ．

9.3.3　環境光 AmbientLight

環境光とは光源と物体の位置関係に依存せず，すべての物体を同等の明るさで照らす光源である．環境光は，関数 THREE.AmbientLight で作成できる．引

数は順に，環境光の色，光の強さである．

次のコードでは，白色で強さ 1.0 の環境光が作成され，シーンに追加される．

```
1  var light3 = new THREE.AmbientLight(0xffffff, 1.0);
2  scene.add(light3);
```

9.4　物体の作成

three.js では，最初に作成した立方体以外にも，異なる形状と素材を組み合わせることで，さまざまな物体を作成できる．すでに立方体の作成で試したように，物体を作成してシーンに追加する手順は次のとおりである．

1. 形状を作成する (BoxGeometry, Sphere など)
2. 素材を作成する (MeshStandardMatrial など)
3. 形状と素材からメッシュを作成する
4. メッシュをシーンに追加する

以下では，形状と素材の作成方法について説明する．

9.4.1　形状の作成

さまざまな形状を作成するための関数を，表 9.1 に示す．

表 9.1　作成可能な形状の例

BoxGeometry	直方体
CircleGeometry	円板
ConeGeometry	円錐
CylinderGeometry	円柱
DodecahedronGeometry	正 12 面体
PlaneGeometry	平面
SphereGeometry	球
TextGeometry	文字

ここでは基本的な形状についてのみ使い方を紹介しておく．すでにサンプルコードで見たように，直方体は THREE.BoxGeometry(w, h, d); で作成する．引数は w が幅，h が高さ，d が奥行である．

　球は THREE.SphereGeometry(r, a, b); で作成する．引数は，r が半径，a が経度方向の分割数，b が緯度方向の分割数である．three.js において，球は三角形を組み合わせた多面体として構成されるため，分割数を決める必要がある (図 9.3)．分割数が多いと綺麗な形状の球が描かれるが，多すぎると描画処理に時間がかかるので，意味なく大きな値を設定すべきではない．

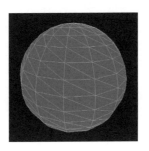

図 9.3　three.js の球

　THREE.ConeGeometry(r, h, a); で円錐を作成できる．引数は，r が底面の半径，h が円柱の高さ，a が底面の正多角形の辺の数 (分割数) である．球の場合と同様に，分割数を大きくすれば円柱に近づく．

9.4.2　素材の作成

　素材としては，表 9.2 のようなものが使用できる．図 9.4 は，左から順にMeshBasicMaterial，MeshNormalMaterial，MeshStandardMaterial，MeshToonMaterial，を素材として同一の形状の物体をレンダリングしたものである．標準的な素材は，MeshStandardMaterial であり，基本的にはこの素材を選択しておけば問題はない．

　MeshStandardMaterial では，色を引数に与える．素材の色は CSS のように {color: 色 } で指定する．

```
1  var material_white = new THREE.MeshStandardMaterial(
2     {color: 0xffffff});
```

実際には，色以外にもテクスチャなどのさまざまな素材情報を設定することができる．テクスチャの設定方法については次章で説明する．

表 9.2　作成可能な素材の例

MeshBasicMaterial	光源に影響されない素材
MeshNormalMaterial	面の法線を色として表現する特殊素材
MeshStandardMaterial	標準的な素材
MeshToonMaterial	明るさをアニメ調に (低階調で) 表現する素材

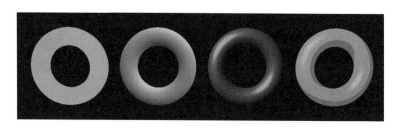

図 9.4　物体の質感を変化させた場合の見え方の違い

9.5　物体の位置と姿勢の設定

物体の位置と姿勢は，形状と素材から作成したオブジェクト (次のコードでは cube) のメンバ変数を変更することで制御できる．

```
1  var geometry = new THREE.BoxGeometry(100, 100, 100);
2  var material = new THREE.MeshStandardMaterial(
3    {color: 0xffffff});
4  var cube = new THREE.Mesh(geometry, material);
5  scene.add(cube);
```

オブジェクトの位置は，そのオブジェクトのメンバ変数である position のパラメータを書き換えることで変更する．具体的には，上記のコードで cube の位置を変更したい場合には，cube.position.set(0, -500, 0); のようにメソッドを使って指定するか，または

```
1  cube.position.x += 100;
2  cube.position.y += 10;
3  cube.position.z -= 100;
```

のようにメンバ変数の値を直接変更する．

物体の姿勢 (向き) は x 軸，y 軸，z 軸の周りにどれだけ回転するかをラジ

アン単位で指定する. JavaScript では $\pi = 3.141592\cdots$ が Math.PI で定義されているので,それを使えば角度をラジアン単位で扱いやすい. 具体的には,cube.rotation.set(Math.PI / 2, Math.PI / 4, 0); のように x 軸,y 軸,z 軸周りの回転角度をそれぞれ指定するか,または,

```
1  cube.rotation.x += 0.01;
2  cube.rotation.y += 0;
3  cube.rotation.z -= 0.01;
```

のように x 軸,y 軸,z 軸周りの回転角度を取り出して調整することもできる.

> **問 9.4** 半径 250 の球を立方体を作成してシーンに追加し,球が立方体の隣に移動するよう位置を設定した上で,正しく描画できることを確認せよ.

9.6 カメラの設定

9.6.1 カメラの位置と姿勢の設定

カメラの位置と姿勢の設定方法は,物体の場合と同じである. すなわち,camera.position.set(0, 0, 2000); のように直接座標を指定することも,

```
1  camera.position.x += 100;
2  camera.position.y += 10;
3  camera.position.z -= 100;
```

のように x,y,z を取り出して調整することもできる.

カメラの姿勢の場合も camera.rotaion.set(Math.PI / 2, Math.PI / 4, 0); で直接決定できる. これも物体の姿勢と同じで,x 軸,y 軸,z 軸にそれぞれ $\dfrac{\pi}{2}$,$\dfrac{\pi}{4}$,0 ラジアン回転するという指定方法である. また,物体と同様に

```
1  camera.rotation.x += 0.01;
2  camera.rotation.y += 0;
3  camera.rotation.z -= 0.01;
```

のように x,y,z を取り出して調整することもできる. ただし,特にカメラの場合にこのような姿勢の設定方法は直感的でないことが多く,使いづらい.

そこで,カメラが注視する 3 次元座標を指定することで姿勢を決定する方法が

ある．`camera.lookAt(new THREE.Vector3(x, y, z));` を実行すると，座標 (x, y, z) を注視するようカメラの姿勢が設定される．ただし，この処理は呼び出された際に 1 回限りカメラの姿勢を変更するものであるので，カメラの位置が変わっても常に特定の位置を注視させたい場合は，このコードを描画ループの中に書いて，毎回実行させる必要がある．

9.6.2 カメラの画角の設定

three.js では，どの範囲にある物体を描画するかを指定する必要がある．9.2.3 項でカメラは

```
1 var camera = new THREE.PerspectiveCamera(a, b, c, d);
```

のように設定していた．ここで，a はカメラの画角で，度単位で設定する．9.2.3 項では 70 度とした．b は画面の**アスペクト比**で，フィルムの縦横比である．通常は最初に設定したキャンバスの (横の画素数)/(縦の画素数) でよい．これを変更すると，横や縦に引き伸ばしたような画像が描画される．c は **near clip**，d は **far clip** である．ここで設定した値に応じて，カメラから奥行方向に沿って [near clip, far clip] の距離範囲にある物体のみが撮影される．

9.7 アニメーション処理

物体とカメラの位置や姿勢をレンダリングループ内で変更すれば，物体をアニメーションさせることができる．ここでは，カウンタ変数を使ったアニメーションと，ユーザの操作に応じたアニメーションの実現方法について説明する．

なお，カメラと物体の双方を動かす場合には，カメラが動いているのか物体が動いているのかわからなくなるので，ここではまず準備として，次のコードで床面をシーンに追加しておこう．

```
1 var g_geometry = new THREE.BoxGeometry(500, 0.1, 500);
2 var g_material = new THREE.MeshStandardMaterial(
3   {color: 0x808080});
4  for (var x = -20; x < 20; x++) {
5    for (var y = -40; y < 40; y++) {
6      var ground = new THREE.Mesh(g_geometry,
```

```
 7          g_material);
 8       ground.position.set((x * 2 + (y % 2)) * 500, -1000,
 9          y * 500);
10       scene.add(ground);
11     }
12  }
```

このコードでは，あらかじめ BoxGeometry で薄い平板の形状と灰色の素材を作成しておき，for ループで形状と素材から物体を作成しながら，これを $y = -1000$ の高さの平面上に市松模様に並べている．このようにすればカメラが移動しているのか床面以外の物体が移動しているのかを区別できるようになる．

また，次のコードのように関数の外でカウンタ変数を初期化しておき，画面の描画回数 (経過時間) をカウントすれば時間で変化するアニメーションを実現できる．

```
1  var t = 0;
2  function draw() {
3    requestAnimationFrame(draw);
4    t = t + 1;
5    cube.position.set(500 * Math.sin(Math.PI * t / 60), 0, 0);
6    renderer.render(scene, camera);
7  }
8  draw();
```

最初のサンプルコードのレンダリングループを上記のように変更すると，立方体が原点を中心に左右にサイン波に従って動くはずである．

問 9.5　立方体が回転しながらカメラから遠ざかっていくようにコードを変更せよ．

9.8　イベント駆動型処理によるアニメーション処理

イベント駆動型処理によって，3D-CG の場合にもユーザの操作に応じた処理を実現することができる．ここでは，ユーザが操作するマウスの位置に応じてカメラ位置が変更されるようにしてみよう．

まず準備として，次のコードを CG 描画のスクリプトよりも前に実行してお

けばマウスが動くたびに，画面内でのマウスの (x, y) 座標を正規化したものが
変数 mouseX，mouseY に代入される．

```
1  <script>
2  var mouseX = 0;
3  var mouseY = 0;
4  document.addEventListener('mousemove',
5      (event) => {
6          mouseX = event.pageX / window.innerWidth;
7          mouseY = event.pageY / window.innerHeight;
8  });
9  </script>
```

次に，レンダリングループの中に，

```
1  var rot = mouseX * 2 * Math.PI;
2  var h = mouseY * 2000 - 1000;
3  camera.position.set(Math.sin(rot) * 2000, h,
4      Math.cos(rot) * 2000);
5
6  camera.lookAt(new THREE.Vector3(0, 0, 0));
```

を書き込めば，視点位置がマウスの位置に連動して動くようになる．

問 9.6 上のコードを実行せよ．

9.9 テクスチャマッピング

ゲームや映画で目にする 3D-CG では，物体はこれまで見てきたような単色の
物体ではなく，模様が描き込まれている．物体に写真や模様を貼り付けること
をテクスチャマッピングという．これによって，単純な形状の物体をよりリア
ルに見せられる (図 9.5)．

テクスチャマッピングを行うときは，Material の指定で color ではなく，張
り付けたい画像を指定するように変更する．テクスチャマッピングのためには，
まずテクスチャとして使う画像を読み込んでオブジェクトとする．

```
1  var URL = 'https://www.gakujutsu.co.jp/text/isbn
       978-4-7806-0708-6/file/';
```

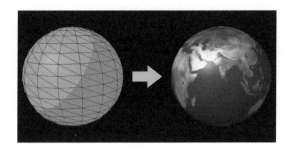

図 9.5 テクスチャマッピング

```
2  var loader = new THREE.TextureLoader();
3  var texture1 = loader.load(URL + 'brick.jpg');
4  var texture2 = loader.load(URL + 'earth.jpg');
5  var texture3 = loader.load(URL + 'sun.jpg');
6  var texture4 = loader.load(URL + 'moon.jpg');
```

ただし，CSV ファイルの読み込みと同じように，テクスチャの素材として使用する画像も，許可されたサイトか，または自分が HTML をアップロードしたサイトからしか画像は読み込めない (自分の PC にある画像も設定なしには読み込めない) ので，注意しよう.

　素材として読み込んだテクスチャをオブジェクトに指定する方法は以下のようになる.

```
1  var material = new THREE.MeshStandardMaterial(
2      {map: texture1});
```

これまでと同じく，素材の作成に MeshStandardMaterial を使用しているが，{color:0xffffff} のような色指定の代わりに，{map: **テクスチャオブジェクト名**} でテクスチャを指定する.

　オブジェクトへのテクスチャの貼り付け方は，物体の形状によって異なる. Geometry が Sphere の場合は，**正距円筒図法** (横軸を経度・縦軸を緯度とする図法) で描かれたテクスチャを準備すれば球上に張り付けられる (図 9.6). Geometry が Box の場合は，Box の各面に読み込んだテクスチャが張り付けられる.

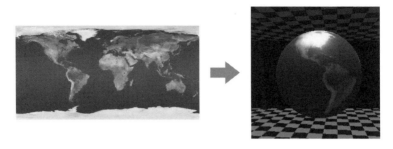

図 9.6　球面への正距円筒図法のテクスチャマッピング

問 **9.7**　立方体に `texture1` を張り付けて表示せよ.

問 **9.8**　球に `texture2` を張り付けて表示せよ.

9.10　物体の親子関係と座標系

　ここまでは独立した個別の物体の描画方法について説明したが, それらの物体に関係がある場合も考えてみよう. たとえば, 乗客を乗せたバスの3D-CG アニメーションを作ることを考えよう. このアニメーションを作るためには, バスの物体を作成し, 複数の乗客を座席に配置し, バスを移動することになる.

　これまでの方法でこれを実現するには, バスだけでなくすべての乗客の位置も同時に動かす必要がある (さもなくばバスが走り出すと宙に浮いた乗客が取り残されてしまう). しかしこのようにすると, 同時に扱うべき物体が多く, 処理が複雑になりがちである. このようになってしまうのは, すべての物体の位置を1つの世界座標系で扱おうとしているからである. ここからは, 世界座標系だけでなく, 個々のオブジェクトに与えられる**オブジェクト座標系**を使うことで, この問題を解決しよう.

　オブジェクト座標とは, 個々のオブジェクトを基準とした座標である. これを使用すれば, 「世界のどこに乗客がいるか」を指定する代わりに, たとえば「バスの中心から右に 100 cm, 前に 500 cm」のように, 「バスのどこに乗客がいるか」を指定できる. すなわち, オブジェクトを基準として別のオブジェクトの相対的な位置や姿勢を指定できる. three.js では, シーンや複数のオブジェクト

に親子関係があると考えて，その親子関係をオブジェクトのメソッド **add** で接続することで，オブジェクト座標系上での位置と姿勢を設定できる．

実際にコードを動かしながら，オブジェクト座標系を試してみよう．まず，バスに見立てた直方体を配置する．

```
var bus_geometry = new THREE.BoxGeometry(2000, 200,
    500);
var bus_material = new THREE.MeshStandardMaterial(
    {color: 0xffffff});
var bus = new THREE.Mesh(bus_geometry, bus_material);
bus.position.set(0,0,0);
scene.add(bus);
```

続いて，この上に乗客に見立てた Sphere を配置する．

```
for (var y = 0; y < 5; y++) {
  var passenger_geometry = new THREE.SphereGeometry(100, 32,
      32);
  var passenger_material = new THREE.
      MeshStandardMaterial({color: 0xff0000});
  var passenger = new THREE.Mesh(passenger_geometry,
      passenger_material);
  passenger.position.set(y * 400 - 800, 100, 0);
  scene.add(passenger);
}
```

バスを移動させるには，レンダリングループの中で

```
bus.position.x += 10;
```

を実行する．この方法でバスを移動させると乗客は取り残されるので試してみよう．

この例では，バスと乗客のオブジェクトはすべて **scene** に追加されているが，ここで **passenger** を **bus** に追加するよう変更してみよう．そのためには，**scene.add(passenger);** を **bus.add(passenger);** に書き換える．すると，バスを移動すると乗客も一緒に移動するようになる．これは **bus** と **passenger** に親子関係を構築したからである．子の位置の指定は，親のオブジェクト座標

系上での指定となる．親子関係で木構造を作ることもできる (図 9.7)．親を動かすと，その動きがすべての子・孫に波及する．

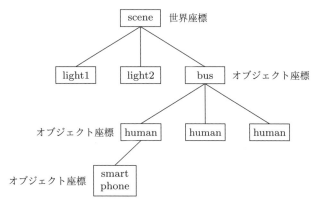

図 9.7 親子関係

問 9.9 上のコードを実行せよ．

章 末 問 題

9-1　x-y平面，y-z平面，x-z平面の各平面上で，それぞれ異なる速度で，半径 500 の円上の軌道を移動する物体をアニメーション表示せよ．ただし，全体を見やすくするため，カメラの位置を `camera.position.set(0, 0, 2000);` としてすこし視点を後ろに移動しておくこと．

9-2　次のようなシーンを作成し，マウスで視点を変更しながら確認できるようにせよ．

- オブジェクトとして，太陽，地球，月を作成 (テクスチャ付き)
- 太陽は x-z平面上を円軌道で移動する
- 地球は太陽の周りを円軌道で移動する
- 月は地球の周りを円軌道で移動する
- 月面上の任意の点に点光源を設定し，地球と太陽を照らす
- 環境光は ON，平行光源は OFF とする

第 *10* 章

ストリートビューによる情報の可視化

　これまで学んできた技術を用いれば，データの分析結果を可視化することでデータの一覧性を高めたり，専門家でない一般の人々の理解を助けたりできる．本章では，実世界情報を背景として，その上に可視化結果を合成提示することで，実世界とデータの関係をより直観的に提示する方法について学ぶ．これを 3 次元で実現する方法として**AR** (Augmented Reality) がある．AR は**拡張現実**とよばれ，現実世界をベースに位置合わせされた 3D-CG を合成する方法で，多くのスマートフォンにその機能が実装されている．本章では，これまで学んだ方法を組み合わせることで AR 型の情報可視化を行うシステムを実装する[1]．具体的には，あらかじめ撮影した**全天球画像**上に情報を書き込む方法によって，場所に依存した情報の直観的な提示を実現する**ストリートビュー型**の情報提示システムを構築する．

10.1　ストリートビューと全天球画像

　地図上で特定の位置の周辺情報を知りたいときに，指定した地点周辺の画像をマウスなどで自由に見まわすことができる地図サービスを利用したことがあるだろうか．このような画像提示を行うサービスには，Google Street View, Microsoft Streetside, Apple Look Around などがある．本書ではこのような画像提示方式を総称してストリートビューとよぶことにする．ストリートビューは，基本的にはある点に立ち，その点から見たあらゆる方向の写真をマウス操作などによって見られるものとなっている．これを実現するためには，ある点からすべての方向を画像として撮影したもの (全天球画像) が必要となる．

---

[1] AR は実世界映像に 3D-CG を書き込む方式である一方，本章で扱う方式は VR 世界に実世界情報を取り込む Augmented Virtuality である．ここでは理解を容易とするため AR の派生であるとして扱っている．

10.1.1 全天球画像の準備

本章で説明するストリートビュー型情報提示システムを構築するためには，まずストリートビュー型提示を行いたい場所で全天球画像を撮影する必要がある．代表的な全天球画像は，図10.1のようなものである．これは，すべての方向からカメラの撮影位置に投影される光線を，球面のスクリーンで捉えた上で，地図のように球面上の画像を平面に展開したものであり，本章ではこのような表現方式による全天球画像を使用する．

図10.1 全天球画像の例

全天球画像を撮影するためには，全天球カメラ (RICOH THETA など) を使うか，またはスマートフォン用のアプリを使用すればよい．アプリとしては，Google ストリートビューアプリを使用するのが簡単である．このアプリでは，指示に従って周囲方向と真上，真下を含むさまざまな方向の画像を撮影することで，自動で全天球画像を合成してくれる．また，「全天球画像」で画像検索すれば，さまざまな場所の全天球画像を入手できる．

ここからは，本書のサポートサイトに掲載されている全天球画像を使ってストリートビューを構築する．

```
1 var URL='https://www.gakujutsu.co.jp/text/isbn
      978-4-7806-0708-6/file/';
2 var texture = [];
3 var loader = new THREE.TextureLoader();
4 texture.push(loader.load(URL + '1.jpg')); //texture[0]
5 texture.push(loader.load(URL + '2.jpg')); //texture[1]
```

```
6  texture.push(loader.load(URL + '3.jpg')); //texture[2]
7  texture.push(loader.load(URL + '4.jpg')); //texture[3]
```

10.1.2　全天球画像と球面座標の座標系

本章の後半で必要となる球と全天球画像の座標の対応関係をあらかじめ説明しておく (図 10.2). 全天球画像は，正距円筒図法によって，球を平面に展開したものである. この図法は，球上の位置を地球のように緯度・経度で指定したときに，画像の横軸を経度，縦軸を緯度として，球上を平面に展開したものである.

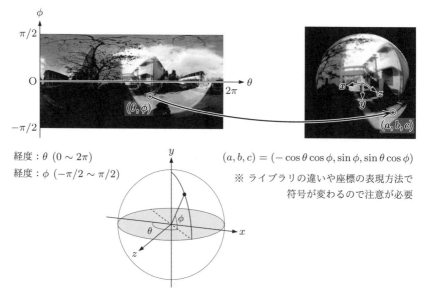

経度：θ $(0 \sim 2\pi)$
経度：ϕ $(-\pi/2 \sim \pi/2)$

$(a, b, c) = (-\cos\theta\cos\phi, \sin\phi, \sin\theta\cos\phi)$
※ ライブラリの違いや座標の表現方法で
　符号が変わるので注意が必要

図 10.2　全天球画像と球上の座標の対応関係

式で表すと，球上の任意の点の経度を θ，緯度を ϕ としたとき. 球面上の座標 (a, b, c) は以下の式で求めることができる.

$$(a,\ b,\ c) = (-\cos\theta\cos\phi,\ \sin\phi,\ \sin\theta\cos\phi) \tag{10.1}$$

ただし，ここで経度 θ は $0 \sim 2\pi$ ラジアン，緯度 ϕ は $-\dfrac{\pi}{2} \sim \dfrac{\pi}{2}$ ラジアンであるものとする. この式はライブラリの違いや座標の表現方法で符号が変わるので

注意が必要である.

これを画像上の座標 (x, y) に変換するには,次のようにすればよい.

$$(x, y) = \left(\frac{\theta \times \text{WIDTH}}{2\pi}, \frac{(\pi/2 - \phi) \times \text{HEIGHT}}{\pi} \right) \tag{10.2}$$

ここで,(WIDTH, HEIGHT) は平面に展開した画像のサイズである.逆に (x, y) を (θ, ϕ) に変換したい場合には次式を用いる.

$$(\theta, \phi) = \left(\frac{2\pi x}{\text{WIDTH}}, \frac{\pi}{2} - \frac{\pi y}{\text{HEIGHT}} \right) \tag{10.3}$$

10.2　単一視点からのストリートビューの実装

　視点位置は変更しないものとして,単一視点からあらゆる方向を見ることができる基本的なストリートビューを実装してみよう.ここではまず,図 10.3 に示すように,three.js を使って空間中に球を配置し,その球に全天球画像のテクスチャを貼り付ける.次に,球の中心にカメラをセットする.すると,全天球画像のテクスチャを球の内側から見ることになる.その後,マウス操作に応じて視線方向を変更すれば,あらゆる方向を見ることが可能となる.ただし,この方法では球の内側からシーンを見るので,テクスチャの見え方が鏡像 (左右反転) となる.この問題を回避するため,今回は左右反転したパノラマ画像をテクスチャ素材として使う必要があり,サポートサイトで配布するものはあらかじめ左右を反転した鏡像となっている.

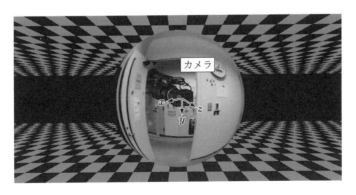

図 10.3　単一視点からのストリートビューの実現方法

10.2.1　シーンの準備

具体的な方法について見ていこう．ここでは次のコードをストリートビューアプリの原型として準備する．

```
1   <!DOCTYPE HTML>
2   <html lang="ja">
3     <head>
4       <meta charset="utf-8">
5       <title>street view app</title>
6       // 挿入箇所 A
7     </head>
8     <body>
9       <script src="three.js"></script>
10      <script>
11        scene = new THREE.Scene();
12        var camera = new THREE.PerspectiveCamera(70, 1000 /
13            500, 0.1, 10000);
14        var renderer = new THREE.WebGLRenderer();
15        var loader = new THREE.TextureLoader();
16        renderer.setSize(1000, 500);
17        document.body.appendChild(renderer.domElement);
18        var light = new THREE.AmbientLight(0xFFFFFF, 2.0);
19        scene.add(light);
20        // 挿入箇所 B
21        function draw() {
22          requestAnimationFrame(draw);
23          // 挿入箇所 C
24          renderer.render(scene, camera);
25        };
26        draw();
27      </script>
28    </body>
29  </html>
```

キャンバスのサイズなどは環境にあわせて変更しよう．

続いて，シーンを次の順で構築する．

1. 全天球画像をテクスチャとして読み込む (10.1.1 項参照)
2. カメラを原点に置く

3. 半径 1000 の球を作成し原点に置く

4. 球に全天球画像を張り付ける (10.1.1 項の場合は texture[0] を使う)

ただし，球のマテリアル設定時のパラメータ設定は，{map: **テクスチャ名**, side: THREE.DoubleSide} のようにする．side: THREE.DoubleSide は，物体の裏面も描画するよう指定する設定である．3D-CG の描画では，描画処理を高速化するため，そのままでは物体の内側は描画されない (裏面の描画は省略される).

問 10.1　**挿入箇所 B** にコードを書き加えて，画像が表示されることを確認せよ．

10.2.2　マウス操作の検出

続いて，前章と同様の方法によってマウスの状態を検出するために，次のコードを**挿入箇所 A** に追加する．

```
var mouseX = 0, mouseY = 0, mouseB = 0;
document.addEventListener('mousemove',
    (event) => {
        mouseX = event.clientX;
        mouseY = event.clientY;
});
document.addEventListener('mousedown',
    (event) => {mouseB = 1;});
document.addEventListener('mouseup',
    (event) => {mouseB = 0;});
```

10.2.3　マウス操作に応じた視線方向の変更

マウス操作が検出できるようになったので，これを使って視線方向の変更操作を実装する．まず初期化処理のため，レンダリングループの直前 (**挿入箇所 B** の最後) で，必要な変数を宣言・初期化しておく．

```
var rot = 0, h = 0;
var pmouseX = 0, pmouseY = 0, pmouseB = 0;
```

次に，レンダリングループの中の**挿入箇所** C で lookAt を使い，カメラの視線方向を次のように制御する．

```
1  camera.lookAt(new THREE.Vector3(Math.sin(rot) * 100000,
2    Math.sin(h) * 100000, Math.cos(rot) * 100000));
```

このコードでは，後でカメラの位置が変更されてもカメラの視線方向に影響しないように，あえて遠方の点を指定している．

　最後にカーソルの相対移動量を使って視線方向を移動させる．レンダリングループの中の**挿入箇所** C に，次コードを追加しよう．

```
1  if (mouseB == 1) {
2    rot -= (pmouseX - mouseX) * 0.005;
3    h -= (pmouseY - mouseY) * 0.005;
4    if (h >= Math.PI / 2)
5      h = Math.PI / 2;
6    if (h <= -Math.PI / 2)
7      h = -Math.PI / 2;
8  }
9  pmouseX = mouseX;
10 pmouseY = mouseY;
11 pmouseB = mouseB;
```

このコードでは，マウスをドラッグしている間，直前のマウスの座標と現在のマウスの座標の差分 (マウスの相対移動量) を使って rot と h を更新している．今回のコードでは，h を，仰角 (水平面に対して見上げる角度) としたので，$-\pi/2 < h < \pi/2$ となるよう調整している．

▌**問 10.2**　マウスをドラッグしている間視線方向を変更できることを確認せよ．

10.3　移動可能なストリートビューの実装

　続いて，他の位置にも移動できるストリートビューを構築してみよう．ここでは，できるだけこれを簡単に実現するために，次のような方法を採用する．

- シーンに全天球画像の撮影位置に対応するように複数の球を配置しておく (図 10.4 参照)

- ユーザはいずれかの球の中からシーンを見るものとする
- どの視点からもすべての球が見えるようにする
- ユーザによって別の視点の球がクリックされたらその球の中心にカメラを移動させる

なお，どの視点からもすべての球が見えるようにするためには，いま見ている視点に対応する球を一時的に大きくしてやればよい．以下では，これらの機能を実現するコードを作成する．

図 10.4 移動可能なストリートビューの実現方法

10.3.1 マウスクリックされた物体の検出

マウスクリックによる視点移動を実現するために，クリックされたオブジェクトを検出するためのコードを実装する．これを実現する手順は次のとおりである．

1. マウスの位置を，画像中心を原点とする正規化された画像座標に変換する (図 10.5 参照)
2. カメラの原点とマウスの位置を結ぶ光線方向をカメラ座標系で計算する
3. 光線を世界座標系での表現に変換する
4. 光線上に存在するオブジェクトを列挙し，対象となる球が含まれているかを調べる (図 10.6 参照)

まず，マウスの位置 (mouseX，mouseY) を，画像中心を原点とする正規化された画像座標 (u，v) に変換するために，**挿入箇所 A** のコードを以下のように変

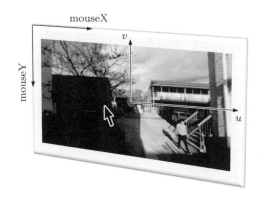

図 10.5 画像座標の変換

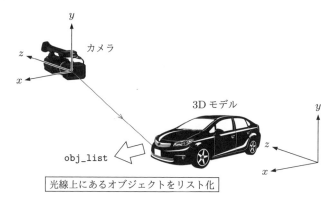

図 10.6 光線上のオブジェクトの列挙

更する.

```
1  var u = 0, v = 0;
2  document.addEventListener('mousemove',
3    (event) => {
4      var rect = event.target.getBoundingClientRect();
5      u = (event.clientX - rect.left) * 2 /
6          (rect.right - rect.left) - 1;
7      v = (event.clientY - rect.top) * 2 /
8          (rect.top - rect.bottom) + 1;
9      mouseX = event.clientX;
10     mouseY = event.clientY;
11 });
```

次のコードで定義する detectObject 関数によって，残りの処理を実現する．

```
 1  function detectObject(camera, target_list, exception, u, v)
       {
 2    var vector = new THREE.Vector3(u, v, 1);
 3    vector.unproject(camera);
 4    var ray = new THREE.Raycaster(camera.position, vector.sub(
         camera.position).normalize());
 5    var obj_list = ray.intersectObjects(target_list);
 6    for (var j = 0; j < obj_list.length; j++){
 7      if (obj_list[j].object != exception) {
 8        return obj_list[j].object;
 9      }
10    }
11    return null;
12  }
```

このコードを**挿入箇所 A** に追加しよう．この関数の引数は，camera がカメラオブジェクト，target_list が判定対象とするオブジェクトを配列に格納したもの，exception が判定対象のうち判定から除外するオブジェクト，u と v が正規化されたマウスの画像座標である．戻り値は，検出されたオブジェクトだが，何も検出されなかったときは null を返す．

関数が正しく動作するかテストしてみよう．ここでは練習として，シーンの (−500, 0, 0) の位置に半径 30 の赤の球を設置し，これを red_sphere と定義することにする．

問 10.3 コードを追加し，赤い球がストリートビュー画像上に表示されることを確認せよ

球を表示できたら，レンダリンググループの直前に次のコードを挿入して，detectObject 関数に引き渡すクリック判定用のオブジェクトリストを作成しよう．

```
 1  var target_list = [];
 2  target_list.push(red_sphere);
```

最後に，レンダリングループの中 (**挿入箇所 C**) の先頭に次のコードを追加し

て，マウスがクリックされたときに，ターゲットリストとして与えた物体が光線上にあるかを判定する．もし物体が光線上にあれば，関数からその物体のオブジェクトが返されるので，これを 3 倍に拡大する．

```
1  if (mouseB == 1 && pmouseB == 0) {
2    obj = detectObject(camera, target_list, null, u, v);
3    if (obj != null) {
4      obj.scale.set(3, 3, 3);
5    }
6  }
```

物体サイズの変更 (拡大・縮小) は，**オブジェクト名**.scale.set(w, h, d);
で行う．引数は，wが幅，hが高さ，dが奥行きの倍率である．

問 10.4　マウスクリックによって球が拡大することを確認せよ

10.3.2　視点移動の実現

視点移動を実現するために，次の準備をしておこう．

- 前節で作成した赤い球に別の全天球画像を張り付ける (10.1.1 項のテクスチャを使用している場合は texture[1])
- 原点に設置している球の半径を 1000 から 30 に変更する

続いて，現在の視点位置に対応する球のオブジェクトを表す変数 (current_view) を作成しておくとともに，他の球が見えるように，レンダリングループの直前で，原点に設置した球 (vsphere とする) のサイズを高さ・幅・奥行ともに 100 倍にしておく．

```
1  var current_view = vsphere;
2  vsphere.scale.set(100, 100, 100);
```

続いて，アニメーションループ内のクリック時の処理 (if (mouseB == 1 && pmouseB == 0) で実行されるコード) を次のコードに置き換えよう．

```
1  var next_view = detectObject(camera, target_list,
2      current_view, u, v);
3  if (next_view != null) {
```

```
4   //1．次の視点位置の球のスケールを100倍にする
5   //2．現在の視点位置の球のスケールを1倍に戻す
6   //3．カメラ位置を次の視点位置に移動する
7   current_view = next_view;
8 }
```

ここでは，現在の視点に対応する球のオブジェクトを detectObject 関数に渡すことで，これがクリック時に検出されないようにしている．物体が検出された場合のコードはコメントとしているので，練習のため各自で作成してみよう．

問 10.5 上のコードを完成させることで，クリックした球の視点位置に移動できることを確認せよ．

ヒント：次の視点のオブジェクトは next_view に，現在の視点のオブジェクトは current_view に格納されている．球のスケールを100倍や1倍にするためにはスケールを3倍にするコードと同様に書けばよい．次の視点 (next_view) の座標は，next_view.position.x などに格納されているので，これを current_view に設定しよう．

問 10.6 target_list に最初の位置の球を追加 (push) しておくことで，元の視点位置に戻れることを確認せよ．

10.3.3 多地点ストリートビューの実現

これまでのコードで2地点のストリートビューが実現できたが，さらに地点を追加したい場合には，適切な位置に新たな球を配置して全天球画像を張り付けておくとともに，target_list に作成した球を追加すればよい．ただし，これまではわかりやすさを優先してコード内の関数の引数に直接数値データを与えてきたので，これまでの方法で地点を追加していくと，コードが複雑で管理が大変となり，バグも生じやすい．今後は，次のコードのように，球のオブジェクトを配列化するとともに，データとコードをできるだけ分離しておこう．

```
1 var vpositions = [[0, 0, 0], [-500, 0, 0], [-1000, 0, 1000],
      [-1000, 0, 2500]];
2 var vrot = [0, 0, Math.PI / 2, Math.PI / 2];
3 var vsphere=[];
4 for (var i = 0; i < vpositions.length; i++) {
5   var geometry = new THREE.SphereGeometry(30, 32, 32);
6   var material = new THREE.MeshStandardMaterial(
7       {map: texture[i], side: THREE.DoubleSide});
```

```
 8  vsphere[i] = new THREE.Mesh(geometry, material);
 9  vsphere[i].position.set(vpositions[i][0],
10      vpositions[i][1], vpositions[i][2]);
11  vsphere[i].rotation.y = vrot[i];
12  scene.add(vsphere[i]);
```

なお，このコードを用いてシーンに球を配置した上で以降のコードを適切に修正すれば，サポートサイトの全天球画像で 4 地点のストリートビューを構築できる．またこのコードを使えば object_detect 関数に与える target_list をvsphere で代用できる．

> **問 10.7**　上記のコードで球を配置し，残りのコードを適切に修正することで，4 地点で移動可能なストリートビューを実装せよ．

10.4　テキストアノテーション

　情報を適切に位置合わせをした上で合成表示する (重畳表示する) ことで，ストリートビューを情報可視化ツールとして活用できる．本章では，実世界の位置に依存した情報提示手法の一例として，物体を説明するテキスト情報を合成してみよう (テキストアノテーション)．ここでは，図 10.7 のようなテキストアノテーションを看板画像として使用する．サポートサイトの画像を使う場合には，以下のようにテクスチャとして読み込んでおこう．

```
1  var tannotation = [];
2  tannotation.push(loader.load(URL + 'a1.jpg'));
3  tannotation.push(loader.load(URL + 'a2.jpg'));
```

読み込んだテキストアノテーションをストリートビュー画像上に合成する手順は次のとおりである．

滋賀大学・北トイレ　混雑度: 15%　　滋賀大学・プール　混雑度: 5%

図 10.7　テキストアノテーションの例

1. 全天球画像上でアノテーションを配置したい位置を調べる

2. 調べた画像上の (x, y) 座標を球上の緯度・経度 (θ, ϕ) に変換する

3. (θ, ϕ) を単位球面上の 3 次元ベクトルに変換する

4. BoxGeometry などで看板を作成してテクスチャを貼る

5. 看板を球の中心からみて 3. で求めたベクトル方向に置く

6. 看板の向きを原点方向に向ける

7. 看板を表示したい球に add する

画像上の座標の調査は，たとえば Windows であれば IrfanView を使うのが簡単である．ウェブブラウザで www.irfanview.com にアクセスし，ツールをダウンロードしよう[2]．IrfanView では，画像を開いたうえで調べたい画素を左クリックすれば画素の (x, y) 座標が左上に表示される[3]．画像の解像度は左下に表示されている．

看板を置く位置を (x, y) 座標で調べたら，これを緯度・経度 (θ, ϕ) に変換する．この変換は，10.1.2 項の式 (10.3) によって求めることができる．さらに，式 (10.1) で (θ, ϕ) を単位球面上の 3 次元ベクトル (a, b, c) に変換する．

次に，横長の BOX で看板を作成し，テクスチャを張り付けてオブジェクトを作成する．以下のようなコードで作成するとよい．

```
1  var geometry = new THREE.BoxGeometry(7, 3, 0.01);
2  var material = new THREE.MeshStandardMaterial(
3     {map: tannotation[0]});
4  anotation = new THREE.Mesh(geometry, material);
```

ベクトル (a, b, c) を使って，距離 20 (球の半径を 30 としたので，少し手前に置く) のベクトル方向に看板を移動する．

```
1  anotation.position.set(a * 20, b * 20, c * 20);
```

看板の向きを球の中心に向けて，球のオブジェクト座標系に配置する．lookAt はカメラだけでなく，実はオブジェクトにも使える．ここでは，看板の向きを

---

[2] macOS ならば ToyViewer を試してみよう．

[3] これまでに例として使った 1 地点目の全天球画像は，https://www.gakujutsu.co.jp/text/isbn978-4-7806-0708-6/file/1.jpg にある．同じディレクトリに 2.jpg, 3.jpg, 4.jpg もあるので，ウェブブラウザで直接ダウンロードして座標を確かめよう．

原点に向けておき，最後に看板を球のオブジェクト座標に配置する．

```
1  anotation.lookAt(new THREE.Vector3(0, 0, 0));
2  vsphere[1].add(anotation);
```

問 10.8　サポートサイトの画像 2.jpg を開き，トイレの位置の (x, y) 座標と画像の解像度を調べよ．

問 10.9　(x, y) 座標を経度・緯度 (θ, ϕ) に変換し，結果を `console.log()` で確認せよ．

問 10.10　経度・緯度 (θ, ϕ) を看板を配置するベクトル方向 (a, b, c) に変換し，結果を確認せよ．

問 10.11　上記のコードを追加し，2 地点目の球に看板のオブジェクトを追加することで，意図した場所にテキストアノテーションが表示されることを確認せよ．

10.5　独自のストリートビューコンテンツの作成

最後に，これまで実装してきたコードを使って，独自のアノテーション付きストリートビューを作成しよう．手順は次のとおりである．

1. ストリートビューを作成する場所を決めて 2 次元地図上で撮影位置・アノテーションの位置を計画

2. ストリートビューアプリまたは全方位カメラで全天球画像を撮影し PC に転送

3. 画像を左右反転して保存

4. 球の回転補正値を計算 (撮影方向を修正する)

5. アノテーションを PowerPoint などで作成して画像として保存

6. 画像をサーバにアップロードし適切な位置に張り付ける

まず，撮影位置の計画を立てよう．たとえば，図 10.8 のように座標系を設定し，最初の視点を原点として，これから撮影するパノラマ画像の視点配置を計画する．

続いて，パノラマ画像を撮影する．iPhone, Android ともに Google ストリートビューアプリなどを使用すれば全天球画像を作成できる．このアプリは，全天球画像を Google マップ上に公開できる (本来その目的のアプリである) が，大

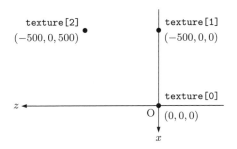

図10.8 撮影位置

学や他人の家の様子をむやみに公開することはやめよう．写真を撮影するに当たっては，プライバシーに十分配慮する必要がある．ストリートビューアプリでの撮影方法については，ウェブ上の解説記事などを参考にしてほしい．

　パノラマ画像の撮影にはいくつか注意点がある．近くの物体ほど不連続が目立ちやすいため，近景があまりない方がうまくいきやすい．また，周りを撮影する際，自分を中心として回るのではなく，カメラを中心として回すとよりきれいな画像ができる．周囲だけでなく，真上と真下の撮影も行うことを忘れないようにしよう．また撮影時に音が鳴るので，他人に迷惑のかからない場所で撮影することをお勧めする．

　撮影が完了したら全天球画像を PC に転送する．これには，画像をスマホ内に保存してケーブルで PC に伝送する方法，メール添付で自分のメールアドレスに送信し PC で受信する方法などがある．画像を PC に取り込めたら，画像の左右反転を行う．IrfanView ならば，Image メニューから Horizontal Flip を選択し，画像に名前を付けて保存する．

　独自に画像を撮影した場合には，撮影した方向が統一されていないので，球の回転を補正する必要がある．あらかじめ自分で描いた地図と画像を見くらべて，地図上で x 軸が正となる方向を画像上で見つける．このとき，画像が鏡像になっているので注意する．

　次に，図10.9 を参考に，画像の左端から地図上の x 軸が正の方向までの回転角度を求める．これはその視点の球の y 軸を回転させる回転補正値である．対応する球の **球のオブジェクト名.rotation.y** にその値を設定することで回転が

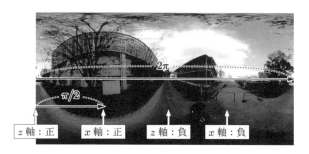

図 10.9　全天球画像の回転補正

補正される. 先のコードでは, 配列 rot に補正値を書き込めばよい.

アノテーションの作成はどのようなソフトウェアを用いてもよいが PowerPoint を使うのが便利である. PowerPoint で作成した場合はオブジェクトを選択した後で「図として保存」で JPEG を作成できる. 他のペイントツールなどの場合は, キーボードの "Print Screen" ("PRNT SCRN" と書かれていることもある) で Windows の画面をコピーし (macOS ならコマンドキーとシフトキーと 3 を押す), IrfanView にペーストして切り出し (crop) をする方法もある.

なお, 第 7 章 7.4 節で説明したように JavaScript はローカルファイルを読み込めないので, 作成した独自の全天球画像やアノテーションはサーバにアップロードしないと確認できない. したがって, 画像の準備ができたら, 作成した全天球画像とアノテーション画像をサーバにアップロードしておこう.

任意のサイトからの画像へのアクセスを許可 (→ p. 108) しておけば, 自分の PC 上で HTML を表示して確認できるが, そうでない場合は, 毎回 HTML をアップロードしてネット経由で動作確認を行う必要があるので注意しよう.

章 末 問 題

10-1　独自のストリートビューコンテンツを作成しウェブ上で公開せよ.

問・章末問題解答

問 1.1 たとえば

```
1  plt.xlim(1, 12)
2  plt.ylim(-10, 50)
```

のように設定する.

問 1.2 16 進数の RGB 方式で白は`#ffffff`である.

問 1.3 略.

問 1.4 縦軸ラベルと横軸ラベルは

```
1  plt.xlabel('Fruit')
2  plt.ylabel('Price')
```

で追加できる.

問 1.5

```
1  #!/usr/bin/python
2  import os
3  import sys
4  import numpy as np
5  import csv
6  import matplotlib.pyplot as plt
7  import matplotlib as mpl
8
9  mpl.rcParams['font.family'] = 'Yu Gothic'
10 plt.rcParams['font.size'] = 16
11
12 with open('support site/hikone-naha-2019.csv', 'r',
13         encoding='shift_jis') as f:
14     reader = csv.reader(f)
```

```
15    hikone = []
16    naha = []
17    for i, l in enumerate(reader):
18        if i == 2:
19            city = np.array(l[:])
20        elif i == 3:
21            field = np.array(l[:])
22        elif i == 5:
23            description = np.array(l[:])
24            hikonecode = (city == '彦根')
25                        * (field == '平均気温（℃）')
26                        * (description == '')
27            nahacode = (city == '那覇')
28                        * (field == '平均気温（℃）')
29                        * (description == '')
30            hikoneindex = list(hikonecode).
31                        index(True)
32            nahaindex = list(nahacode).index(True)
33        if i < 6:
34            continue
35        hikone.append(float(l[hikoneindex]))
36        naha.append(float(l[nahaindex]))
37
38 print(naha)
39 month = np.arange(1, 13)
40
41 plt.plot(month, hikone, label='彦根市',
42        color='black')
43 plt.plot(month, naha, label='那覇市',
44        color='gray')
45 plt.xlim(month[0], month[-1])
46 plt.ylim(0, 30)
47 plt.xticks(month, [str(x)+'月' for x in month])
48 plt.ylabel('気温/℃')
49 plt.legend(bbox_to_anchor=(1,0), loc='lower right',
50        borderaxespad=0, framealpha=0)
51
52 plt.rcParams['font.size'] = 12
53 plt.savefig('matplotlib3.pdf')
```

問 1.6, 問 1.7 略.

章末問題

1-1

```
1  import numpy as np
2  import matplotlib.pyplot as plt
3  x = np.linspace(-10, 10, 100)
4  y = x**3-x**2+1
5  plt.plot(x, y)
6  plt.xlim(-10, 10)
7  plt.savefig('matplotlib4.pdf')
```

1-2 問 1.4 の解答を参照.

1-3 問 1.4 の解答を参照.

1-4, *1-5* 略.

第 2 章

問 2.1 〜 問 2.3 略.

章末問題

2-1 略.

2-2 Google の IP アドレスを調べ, http://IP アドレス をウェブブラウザのアドレスバーに入力すると接続できる. しかし, この方式では接続できないサイトも多い. これは, 同一の IP アドレスが複数のドメイン名に対応しており, IP アドレスだけではどのドメイン名に対応するウェブページなのかがわからないからである.

第 3 章

問 3.1 略.

問 3.2 ヴァネヴァー・ブッシュが 1945 年に提案した Memex とよばれるシステムがハイパーテキストの源流である. 彼はあらゆる文書を表示でき, 文書内で参照されている別の文書を辿れるシステムを構想した. ハイパーテキストという言葉を作ったのはテッド・ネルソンで, 1965 年のことである. エンゲルバートによるハイパーテキストシステムは 1968 年に完成した. 1980 年代にティム・バーナーズ=リーがウェブを開発し, 1993 年に初期のウェブブラウザである Mosaic が公開された. Mosaic は Netscape Navigator を経て現代のウェブブラウザにつながっている. ウェブ上の検索システムは当初はディレクトリ型とよばれる人手でサイトが整理されたものだった. しかし, ウェブサイト数が多くなると対応できなくなり, ページをクローリングして収集するロボット型に移行した.

問 3.3 `<!DOCTYPE html>` がない．`<html>` であって `<html lang="ja">` になっていない．`<meta charset="utf-8">` がない．その他の点は雛形と同じである．

問 3.4 通常，タグが書かれていないのと同じ表示になる．

問 3.5 ウェブブラウザの実装によるが，`</h2>` が `</h1>` と解釈され，問題なく表示されることが多い．

問 3.6 略．

問 3.7

```
1  <table>
2    <tr>
3      <td><img src="./images/1.jpg"></td>
4      <td><img src="./images/2.jpg"></td>
5    </tr>
6    <tr>
7      <td><img src="./images/3.jpg"></td>
8      <td><img src="./images/4.jpg"></td>
9    </tr>
10 </table>
```

問 3.8 略．

章末問題

3-1 グーグル八分とは，公開されており，検索エンジンのアクセスも禁止されていないウェブページが Google の検索で表示されないこと．これは Google によって不適切なサイトだと判断された場合に生ずる．サイトがあえて検索エンジンのアクセスを禁止し，表示されないようにするのは，テストサイトで一般公開を意図していない場合や，他のページと内容が重複しているため検索エンジンで表示させるのが適切でない場合である．

3-2, ***3-3***　　略．

3-4 `<a href="./page2.html"><img src="./images/xxx.jpg"></a>` のようにすればよい．

3-5　略．

第 4 章

問 4.1 商品レビューサイトで口コミの点数を集計できる．不動産サイトで価格情報が得られる．鉄道会社のサイトで運行情報が得られる．

問 4.2 `/html/body/div/ul/li[2]`

問 **4.3**

```
1  from lxml import etree
2  from urllib import request
3
4  URL = 'https://www.gakujutsu.co.jp/text/isbn
         978-4-7806-0708-6/file/sushi1.php'
5  data = request.urlopen(URL).read()
6  page = etree.HTML(data)
7  ps = page.xpath('/html/body/ul/li[1]')
8  for item in ps:
9      print(item.text)
```

問 **4.4** 略.

問 **4.5**

```
1   from lxml import etree
2   from urllib import request
3
4   URL = 'https://www.gakujutsu.co.jp/text/isbn
          978-4-7806-0708-6/file/sushi1.php'
5   data = request.urlopen(URL).read()
6   page = etree.HTML(data)
7   ps = page.xpath('/html/body/ul/li[1]')
8   for item in ps:
9       t = item.text
10      s = t.replace('はまち：', '')
11      n = s.replace('円', '')
12      print(n)
```

問 **4.6**

```
1   from lxml import etree
2   from urllib import request
3
4   URL = 'https://www.gakujutsu.co.jp/text/isbn
          978-4-7806-0708-6/file/sushi1.php'
5   data = request.urlopen(URL).read()
6   page = etree.HTML(data)
7   ps = page.xpath('/html/body/ul/li')
8   for item in ps:
9       t = item.text
10      s = t.split('：')
```

```
11    n = s[1].replace('円', '')
12    print(n)
```

問 4.7 100 1001 と 100 101 が出力される.

問 4.8 略.

問 4.9 Selenium を使ったコードは以下のとおり.

```
 1  from lxml import etree
 2  from urllib import request
 3  from selenium import webdriver
 4
 5  driver = webdriver.Chrome()
 6  URL = 'https://www.gakujutsu.co.jp/text/isbn
          978-4-7806-0708-6/file/sushi2.html'
 7  driver.get(URL)
 8  data = driver.page_source
 9  page = etree.HTML(data)
10  ps = page.xpath('/html/body/ul/li')
11  for item in ps:
12      t = item.text
13      s = t.split(' : ')
14      n = s[1].replace('円', '')
15      print(n)
```

章末問題

4-1

```
 1  import datetime
 2  import numpy as np
 3  import matplotlib.pyplot as plt
 4  from lxml import etree
 5  from urllib import request
 6
 7  site = 47761 # 彦根気象台
 8  yesterday = datetime.datetime.now() -
 9          datetime.timedelta(days=1)
10  URL = 'https://www.data.jma.go.jp/obd/stats/etrn/view/h
          ourly_s1.php?prec_no=60&block_no='+str(site)+'&yea
          r='+str(yesterday.year)+'&month='+str(yesterday.mo
          nth)+'&day='+str(yesterday.day)+'&view='
```

```
11 data = request.urlopen(URL).read()
12 open('x.html', 'w').write(data.decode('utf-8'))
13 page = etree.HTML(data)
14 temp = []
15 for i in range(24):
16     ps = page.xpath('/html/body/div[2]/div/div[2]/tabl
            e[1]/tr['+str(3+i)+']/td[5]')
17     for item in ps:
18         temp.append(float(item.text))
19
20 plt.plot(np.arange(1, 25), temp)
21 plt.xlabel('Hour')
22 plt.ylabel('Temperature')
23 plt.xlim(1, 24)
24 plt.show()
```

4-2, *4-3*　略.

第 5 章

問 5.1, **問 5.2**　略.

問 5.3　本文中にあるため略.

問 5.4

```
1 filename = input()
2 if not (';' in filename or '>' in filename):
3     stdin, stdout, stderr = ssh.exec_command(
4         'cat '+filename)
```

問 5.5 〜 問 5.7　略.

問 5.8

```
1 import psutil
2 import matplotlib.pyplot as plt
3
4 cpuUsage = []
5 for i in range(10):
6     cpup = psutil.cpu_percent(interval=1)
7     cpuUsage.append(cpup)
8 plt.plot(cpuUsage)
9 plt.show()
```

問 5.9

```
1  import psutil
2  import matplotlib.pyplot as plt
3
4  cpuUsage = []
5  for i in range(10):
6      cpup = psutil.cpu_percent(interval=1)
7      cpuUsage.append(cpup)
8      plt.plot(cpuUsage)
9      plt.show()
```

問 5.10

```
1  import psutil
2  import matplotlib.pyplot as plt
3
4  cpuUsage = []
5  for i in range(10):
6      cpup = psutil.cpu_percent(interval=1)
7      if len(cpuUsage) >= 5:
8          del cpuUsage[0]
9      cpuUsage.append(cpup)
10     plt.plot(cpuUsage)
11     plt.show()
```

問 5.11

```
1  import psutil
2  import matplotlib.pyplot as plt
3
4  cpuUsage = []
5  for i in range(10):
6      plt.clf()
7      cpup = psutil.cpu_percent(interval=1)
8      if len(cpuUsage) >= 5:
9          del cpuUsage[0]
10     cpuUsage.append(cpup)
11     plt.plot(cpuUsage)
12     plt.savefig('graph.png')
```

問 5.12　略.

章末問題

5-1

```
 1  cd test
 2  mkdir a
 3  mkdir b
 4  mkdir c
 5  ls
 6  cd a
 7  New-Item -type file d
 8  ls
 9  cd ..
10  cd b
11  New-Item -type file e
12  ls
13  cd ..
14  cd c
15  New-Item -type file f
16  ls
17  cd ..
```

5-2 ～ 5-5　略.

第 6 章

問 6.1, **問 6.2**　略.

問 6.3

```
1  var sum = 0;
2  for (var i = 1; i <= 10; i++) {
3    sum += i;
4  }
5  document.write('1から10の和は' + sum);
```

問 6.4　略.

問 6.5

```
1  function abs(a) {
2    if (a < 0)
3      a = -a;
4    return a;
5  }
6  i = -5;
```

```
7  document.write('<p>' + i + 'の絶対値は' + abs(i)
8      + '</p>');
```

章末問題

6-1

```
1  for (var i = 1; i <= 30; i++){
2    if (i % 3 == 0)
3      document.write('<p>' + i + 'は 3の倍数</p>');
4    else if (i % 2 == 1)
5      document.write('<p>' + i + 'は奇数</p>');
6    else
7      document.write('<p>' + i + 'は偶数</p>');
8  }
```

6-2

```
1  var n = 1;
2  while (n*n <= 2000) {
3    n++;
4  }
5  n--;
6  document.write('<p>' + n + '</p>')
```

6-3

```
1  function factor(a) {
2    var k = 1;
3    while (a != 1) {
4      k *= a; // k = k * aの省略形
5      a--;
6    }
7    return k;
8  }
9  document.write('<p>' + factor(10) + '</p>')
```

6-4

```
1  function findSameNumber(dat) {
2    for (var i = 0; i < dat.length; i++) {
3      for (var j = i + 1; j < dat.length; j++) {
4        if (dat[i] == dat[j])
5          document.write('<p>' + dat[i] + '</p>')
6      }
```

```
 7    }
 8    return k;
 9  }
10  var dat = [1, 3, 7, 4, 3, 11];
11  findSameNumber(dat);
```

6-5

```
1  function minFactor(a) {
2    for (var i = 2; i <= a; i++) {
3      if (a % i == 0)
4        return i;
5    }
6  }
7  document.write('<p>' + minFactor(15) + '</p>');
```

6-6

```
 1  var k = 198;
 2  var res = k + ' = ';
 3  while (true) {
 4    var m = minFactor(k);
 5    res += m;
 6    k /= m; /* k = k / mの省略形 */
 7    if (k == 1)
 8      break;
 9    res += '*';
10  }
11  document.write('<p>' + res + '</p>');
```

第7章

問 **7.1**

```
1  var text = prompt('数値を入力してください');
2  var num = Number(text);
3  for (var i = 0; i < num; i++) {
4    document.write('<p>何らかの文字列</p>');
5  }
```

問 **7.2**

```
1  <!DOCTYPE html>
2  <html lang="ja">
```

```
 3  <head>
 4   <meta charset="utf-8">
 5   <title>Java scriptのテスト</title>
 6   <script>
 7    function event01(a) {
 8      location.href = "https://www.shiga-u.ac.jp";
 9    }
10   </script>
11  </head>
12  <body>
13   ひみ<span onClick="event01('test')">つ</span>
       のページ
14  </body>
15  </html>
```

問 7.3

```
 1  <!DOCTYPE html>
 2  <html lang="ja">
 3   <head>
 4    <meta charset="utf-8">
 5    <title>Java scriptのテスト</title>
 6    <script>
 7     function f01() {
 8       a = Number(fm.t1.value);
 9       b = Number(fm.t2.value);
10       if (fm.c1.checked)
11         fm.t3.value = a - b;
12       else
13         fm.t3.value = a + b;
14     }
15    </script>
16   </head>
17   <body>
18    <form name="fm">
19     <input type="text" name="t1">
20     と
21     <input type="text" name="t2">
22     を
23     <input type="button" value="計算" name="b1"
24      onclick="f01()">
```

```
25     <input type="text" name="t3">
26     <br>
27     <input type="checkbox" name="c1"> 引き算
28   </form>
29  </body>
30 </html>
```

問 7.4 ～ 問 7.8   略.

章末問題

7-1 フォームなどは省略

```
1 function f01() {
2   var tax;
3   if (fm.tax[0].checked) tax = 1.05;
4   if (fm.tax[1].checked) tax = 1.08;
5   if (fm.tax[2].checked) tax = 1.10;
6   var price1, price2, n1, n2;
7   price1 = Number(fm.pr1.value);
8   price2 = Number(fm.pr2.value);
9   n1 = Number(fm.n1.value);
10  n2 = Number(fm.n2.value);
11  fm.total1.value = Math.floor(price1 * n1 * tax);
12  fm.total2.value = Math.floor(price2 * n2 * tax);
13  fm.total3.value = Math.floor((price1 * n1 + price2 *
        n2) * tax);
14  fm.n3.value = '' + (n1 + n2);
15 }
```

7-2 略.

第 8 章

問 8.1 略.

問 8.2

```
1 function draw() {
2   var cvs = document.getElementById('hcnv');
3   var ctx = cvs.getContext('2d');
4   var K = 300;
5   for (var x = 0; x <= K; x += 10) {
```

```
6    line(ctx, x, 0, 0, K - x, 0, 255, 0);
7  }
8 }
```

問 8.3 略.

問 8.4

```
 1 function draw() {
 2   var cvs = document.getElementById('hcnv');
 3   var ctx = cvs.getContext('2d');
 4   for (var y = 0; y < 250 ; y += 25) {
 5     for (var x = 0; x < 250 ; x += 25) {
 6       ctx.fillStyle = 'rgb(' + x + ',' + y + ',0)';
 7       ctx.fillRect(x, y, 25, 25);
 8     }
 9   }
10 }
```

問 8.5 ～ 問 8.7 略.

章末問題

8-1, *8-2* 略.

第 9 章

問 9.1 略.

問 9.2 DirectionalLight の引数を以下のように変更する.

```
1 var light = new THREE.DirectionalLight(0xff00ff);
```

問 9.3, **問 9.4** 略.

問 9.5

```
1 function draw() {
2   requestAnimationFrame(draw);
3   cube.rotation.x += 0.01;
4   cube.rotation.y += 0.01;
5   cube.position.z -= 1; //この行を追加
6   renderer.render(scene, camera);
7 }
```

問 9.6 ～ 問 9.9 略.

章末問題

9-1, *9-2*　略.

第 10 章

問 10.1 ～ 問 10.4　略.

問 10.5

```
1  var nextviewpoint = detectObject(camera,
2     target_list, current_view, u, v);
3  if (nextviewpoint != null) {
4    nextviewpoint.scale.set(100, 100, 100);
5    current_view.scale.set(1, 1, 1);
6    camera.position.set(nextviewpoint.position.x
7        nextviewpoint.position.y,
8        nextviewpoint.position.z);
9    current_view = nextviewpoint;
10 }
```

問 10.6 ～ 問 10.11　略.

章末問題

10-1　略.

索　引

著者紹介

佐藤　智和（さとう　ともかず）

　2003 年　奈良先端科学技術大学院大学情報科学研究科博士後期課程修了
　　　　　博士（工学）
　　　　　奈良先端科学技術大学院大学情報科学研究科助手
　2007 年　奈良先端科学技術大学院大学情報科学研究科助教
　2011 年　奈良先端科学技術大学院大学情報科学研究科准教授
　2018 年　滋賀大学データサイエンス学部教授
　2019 年　滋賀大学大学院データサイエンス研究科教授
　　　　　現在に至る

田中　琢真（たなか　たくま）

　2009 年　京都大学大学院医学研究科医学専攻博士課程修了
　　　　　博士（医学）
　　　　　京都大学医学研究科特定研究員（グローバル COE）
　2010 年　東京工業大学大学院総合理工学研究科知能システム科学専攻助教
　2016 年　滋賀大学データサイエンス教育研究センター准教授
　2017 年　滋賀大学データサイエンス学部准教授
　2019 年　滋賀大学大学院データサイエンス研究科准教授
　　　　　現在に至る

データサイエンス大系
データ可視化プログラミング

2021 年 3 月 10 日	第 1 版　第 1 刷　印刷	
2021 年 3 月 30 日	第 1 版　第 1 刷　発行	

著　者	佐 藤 智 和
	田 中 琢 真
発 行 者	発 田 和 子
発 行 所	株式会社　学術図書出版社

〒113−0033　東京都文京区本郷 5 丁目 4 の 6
TEL 03−3811−0889　振替 00110−4−28454

印刷　三美印刷（株）

定価はカバーに表示してあります.

©2021　T. SATO, T. TANAKA
Printed in Japan
ISBN978−4−7806−0708−6　　C3004